PREPARANDO A ALFABETIZAÇÃO

Sérgio Antonio da Silva Leite

PREPARANDO A ALFABETIZAÇÃO

5ª Edição

EDICON

Dados Internacionais de Catalogação na Publicação (CIP)
(Câmara Brasileira do Livro, SP, Brasil)

Leite, Sérgio António da Silva
Preparando a alfabetização / Sérgio António da Silva Leite. -- 5. ed. -- São Paulo : Edicon Editora e Consultoria Ltda, 2024.

ISBN 978-65-5934-120-7

1. Alfabetização 2. Prática de ensino 3. Prática pedagógica 4. Professores - Formação 5. Psicologia educacional I. Título.

24-236195 CDD-372.4

Índices para catálogo sistemático:
1. Alfabetização : Educação 372.4
Eliete Marques da Silva - Bibliotecária - CRB-8/9380

Coordenação editorial: Valentina Ljubtschenko
Capa: Alex Ramos
Ilustrações: Alex Ramos e licenciadas de bancos de imagens
Gráficos e ilustrações técnicas: Daniela Ljubtschenko Motta
Soraia Ljubtschenko Motta
Revisão: Nilza Aparecida Hoehne Rigo

Contato com o autor: sasleite@uol.com.br

EDICON
Editora e Consultoria Ltda
(11) 3255 1002 • 3255 9822
Rua Gama Cerqueira, 87 Cambuci
CEP 01539-010 São Paulo/SP
www.edicon.com.br
contato@edicon.com.br

Impresso no Brasil/*Printed in Brazil*

Sumário

APRESENTACÃO DA 1ª EDIÇÃO 9
APRESENTAÇÃO DA PRESENTE EDIÇÃO 11

1
INTRODUÇÃO 13

2
PLANEJAMENTO E DESENVOLVIMENTO DO INSTRUMENTO DE AVALIAÇÃO DO REPERTÓRIO BÁSICO PARA A ALFABETIZAÇÃO (IAR) 23
Caracterização do problema 23
Descrição do instrumento de avaliaçao do repertório básico para alfabetização (IAR) 30
Descrição do trabalho realizado com o IAR 39
Algumas considerações sobre o trabalho relatado 45

3
A EXPERIÊNCIA DE JUNDIAPEBA 49
Caracterização do problema 49
Dados sobre a população 51
Dados sobre o desempenho das crianças no período preparatório 53
Os fundamentos dos programas utilizados 57
Descrição geral dos programas 65
Resultados e discussão 78

4

SUGESTÕES DE PROGRAMAS PARA O DESENVOLVIMENTO DE PRÉ-REQUISITOS PARA A ALFABETIZAÇÃO 89
Arranjo físico da sala 90
Discriminação auditiva..90
Discriminação visual...99
Análise/sintese 108
Comportamento verbal... 117
Coordenação motora fina 122
Observações sobre os programas apresentados.......................... 126

5

CONSIDERAÇÕES FINAIS 131

ANEXO

VERSÃO ADAPTADA DO IAR: EFEITOS NA AVALIAÇÃO DE REQUISITOS PARA ALFABETIZAÇÃO DE APRENDIZES COM TEA 137
ADAPTED VERSION OF THE IAR: EFFECTS ON THE EVALUATION OF LITERACY REQUIREMENTS IN LEARNERS WITH ASD....... 137
Método... 142
Procedimento 144
Medidas 145
Adaptações nas tarefas: 147
Resultados... 148
Discussão... 153
Referências 157

APRESENTACÃO DA 1ª EDIÇÃO

Este trabalho relata experiências desenvolvidas por educadores que atuavam junto a escolas da rede oficial de ensino, em projetos desenvolvidos nos anos 70/80 do século XX. Como tal, apresenta o resultado de intervenções planejadas, desenvolvidas e avaliadas, visando à superação de velhos problemas, observados nas escolas públicas.

Os resultados demonstrados pelo Projeto de Alfabetização de Mogi das Cruzes – PROLESTE – desenvolvido pela DRE-5-Leste, no período de 1977 a 1982, demonstraram que alguns problemas necessitavam de melhor atenção, por parte dos profissionais envolvidos. Um deles dizia respeito ao desconhecimento do repertório de entrada das crianças, da região de Mogi, que ingressavam na escola pública, principalmente nos bairros periféricos, o que pode também ocorrer, atualmente com as crianças de seis anos que chegam à escola. A falta de informações mais precisas dificultava o trabalho inicial do processo de alfabetização.

Outro problema relacionava-se com a falta de programas testados, que possibilitassem o desenvolvimento das habilidades básicas, para o início da aprendizagem da leitura e escrita.

Assim, durante três anos, a partir de 1980, foram realizados vários projetos, com objetivo de desenvolver um instrumento que descrevesse o repertório básico, das crianças que chegavam à primeira série, pelo menos no que diz respeito ao processo de alfabetização. Posteriormente, como consequência dessas informações, procurou-se desenvolver programas mais adaptados, que viessem garantir esse repertório básico essencial, sem o qual uma criança dificilmente pode ser alfabetizada adequadamente.

Diante dos resultados observados, tornou-se fundamental que essas experiências fossem divulgadas, representando uma contribuição a todos os educadores que se defrontam com problemas semelhantes e buscam soluções. Portanto, é para esses educadores que esta obra é dedicada, principalmente para aqueles comprometidos com uma escola pública mais eficiente e democrática, na medida em que venha atender a todas as crianças, promovendo uma aprendizagem básica sólida e efetiva.

Por outro lado, o presente trabalho foi fruto do esforço comum de profissionais ligados à própria rede de ensino público e à universidade, demonstrando que a aproximação entre essas instituições se faz necessária. Porém a condição básica para tal depende fundamentalmente do grau de compromisso que esses profissionais têm com o processo educacional. Quando esse compromisso está presente, consegue-se superar facilmente o "espírito burocrático" que tem caracterizado o ensino público nas últimas décadas.

Desta forma, as experiências aqui relatadas são um testemunho dos bons resultados que podem surgir da aproximação entre a universidade e a escola pública. Resta trabalhar no sentido de que outras experiências venham ocorrer, não só na área da educação, o que pode transformar a universidade numa verdadeira fonte de recursos a serviço da comunidade em que está inserida.

O Autor

APRESENTAÇÃO DA PRESENTE EDIÇÃO

A partir dos anos 80 do século passado, o conceito de Alfabetização sofreu grandes mudanças. O autor tem defendido que é possível situar um chamado modelo tradicional de Alfabetização em contraste com as propostas atuais, predominantes neste século XXI. Mas, certamente, a principal alteração relaciona-se com o próprio conceito de escrita: de mero código de representação da fala, a escrita hoje é entendida como um sistema simbólico, da natureza histórica e social, desenvolvido pela cultura.

No entanto, devem-se registrar, neste período, duas grandes influências que contribuíram para que o conceito de Alfabetização perdesse a sua especificidade. De um lado, a teoria construtivista, cujos preceitos teóricos foram erroneamente interpretados pelos órgãos centrais de várias Secretarias de Educação, com destaque para a de São Paulo, quando tentaram transformar a teoria em um método de Alfabetização, o que gerou vários mitos os quais, agora, estão sendo descontruídos. O mais sério desses mitos foi a crença de que o processo de produção de conhecimento centra-se exclusivamente no indivíduo, o que levou à marginalização da mediação pedagógica, incluindo-se o papel do professor.

A outra grande influência, sem dúvida, foi a chegada do conceito de Letramento em nosso meio, que teve a grande função de resgatar a importância de os indivíduos envolverem-se com as práticas sociais de leitura e escrita. Assim, não basta o domínio do código; é necessário que os alunos apropriem-se das habilidades de leitura e escrita, aqui entendidas como processos de atribuição/produção de significados e sentidos. No entanto, desenvolveu-se um processo de esvaziamento do conceito de Alfabetização, porque levou muitos educadores a direcionarem suas práticas pedagógicas, preferencialmente, às atividades envolvendo leitura e produção de textos, desfocando, de forma inadequada, as relações grafema-fonema, também componentes do processo de Alfabetização.

Somente no período atual resgatou-se o conceito de Alfabetização: trata-se de um processo que também envolve a chamada "tecnologia da escrita" – as relações grafema-fonema, a consciência fonológica, a concepção alfabética da escrita, bem como o domínio das convenções. Simultaneamente, reconhece-se:

a) o papel da mediação pedagógica desenvolvido pelo professor, como fundante do processo de Alfabetização, embora não o único;
b) que a Alfabetização deve ser desenvolvida na perspectiva do Letramento;
c) que o aluno tem um papel ativo nesse processo.

Neste sentido, justifica-se a reedição desta obra, elaborada a partir de intervenções bem sucedidas na rede de ensino público da região de Mogi das Cruzes, no século passado. Com ela, assume-se que o processo de Alfabetização envolve os conteúdos aqui abordados, os quais podem ser entendidos como repertórios facilitadores do processo, ou seja, habilidades básicas cuja ausência pode dificultar o desempenho das crianças durante a Alfabetização.

Na proposta inicial, esta obra constitui um conjunto formado pelo IAR – agora em nova versão – e o presente livro, com sugestões de intervenção para os professores, a partir dos dados coletados através daquele instrumento de avaliação.

O Autor

1

INTRODUÇÃO

A questão do desenvolvimento das habilidades básicas, para a aprendizagem da leitura e da escrita, tem sido um dos grandes objetivos visados pelos educadores, que atuam na pré-escola e nas séries iniciais do ensino fundamental.

Embora seja grande o número de publicações dos órgãos oficiais, apresentando sugestões de atividades na área, há poucos programas completos disponíveis, que tenham sido testados anteriormente. Da mesma forma, são raras as pesquisas realizadas com objetivo de avaliar e descrever o repertório comportamental, que as crianças dos diversos segmentos sociais apresentam, na época de iniciar a alfabetização.

Com relação à população atendida pela escola particular, o problema é amenizado na medida em que grande parte dessas crianças passa pela pré-escola, o que acaba tendo algum efeito positivo no desenvolvimento das habilidades básicas para a leitura e escrita, somando-se ainda o efeito do papel incentivador do ambiente familiar. A situação, entretanto, apresenta-se grave na escola pública, principalmente aquelas situadas nos bairros periféricos: a maioria das crianças não passa pela pré-escola e acaba desenvolvendo outro padrão de repertório, que não aquele esperado pela escola, para iniciar o período da alfabetização. Além disso, as condições de vida, frequentemente, não facilitam o desenvolvimento dos referidos comportamentos básicos.

Uma tentativa para minimizar o problema foi adotada, há vários anos, nas escolas da rede oficial: o chamado período preparatório. Atualmente, poucas escolas adotam essa estratégia. Tratava-se de uma etapa de aproximadamente um mês, onde os professores tentavam implantar atividades visando ao desenvolvimento dos chamados pré-requisitos para a alfabetização. Apesar deste esforço, pode-se prever que os efeitos de tal medida não resolveram a questão, uma vez que era um período muito curto, em função da grande defasagem que considerável parcela da população apresentava; além disso, não havia instrumentos disponíveis para avaliação do repertório de entrada e, nem sempre, os professores tinham sucesso com as atividades propostas, dado o grande desnível das mesmas em comparação ao repertório de entrada da população. A ausência de procedimentos educacionais que minimizassem tal desnível gerou, em alguns casos, práticas inadequadas, na medida em que o professor não encontrava recursos, orientação, nem ajuda, para decidir o que fazer; era comum, por exemplo, a utilização de atividades, durante o período preparatório, centradas basicamente no treino motor e/ou conceitos verbais básicos, em detrimento do desenvolvimento de outras habilidades, talvez até mais importantes.

Pode-se supor, portanto, que a falta do repertório básico para a alfabetização, observada principalmente nas crianças oriundas de classes socialmente marginalizadas, acabou sendo um dos fatores responsáveis pelo fracasso escolar, caracterizado pelos altos níveis de reprovação nas séries iniciais.

Porém isto não significa que o problema fosse a criança. Ao contrário, o repertório que as crianças apresentam na época de iniciar a escolarização corresponde, em síntese, ao efeito de toda a história de vida anterior; em outras palavras, o repertório é função das condições sócio-econômico-culturais que caracterizam as relações do indivíduo com o seu meio ambiente. Assim, se uma criança viveu em um ambiente que propiciou poucas condições para desenvolver, por exemplo, as habilidades viso-motoras, o esperado é que aos seis ou sete anos, chegando à escola, demonstre um desempenho compatível com essa história de vida. Desta forma, dado que a escola geralmente não tem acesso aos dados sobre a história da vida, ou seja, o chamado "currículo oculto da criança", deveria, pelo menos, ter acesso aos principais requisitos para a consecução dos objetivos pretendidos, como por exemplo, a alfabetização.

Em termos educacionais, o problema, portanto, não pode ser visto como sendo a criança, mas sim a dificuldade da escola em lidar com uma população que apresenta outro padrão de comportamento, que não o esperado. O fato é que existe, implicitamente para a escola, um "padrão de normalidade" esperado, que deve caracterizar uma criança ao iniciar o seu processo de alfabetização: ela deve ter bom nível de discriminação visual e auditivo, habilidades motoras e viso-motoras bem desenvolvidos, um repertório verbal adequado, um nível de desempenho social que lhe permita entender instruções, uma capacidade mínima de atenção, observação, etc. e, de preferência, espera-se que ela seja uma criança "limpinha, cheirosinha e obediente". O que se observa é que quanto mais a criança se afasta deste padrão, mais dificuldade a escola terá para lidar com ela. Na prática, observa-se que o professor não foi preparado para lidar com este tipo de população. O material e recursos que ele tem disponível, nem sempre estão adequados ao repertório que a criança apresenta. Por outro lado, a maioria das cartilhas ou instrumentos utilizados pressupõe que o aluno já apresente o referido "padrão de normalidade".

As consequências práticas deste quadro é que, após um mês de período preparatório, o professor iniciava a alfabetização, da maneira que fosse possível e, muitas vezes, observava-se já no final do primeiro semestre, os alunos divididos geograficamente na sala de aula: de um lado, os que estavam acompanhando; no outro extremo, os que certamente seriam reprovados e no centro, aqueles alunos os quais o professor "estava tentando salvar". É óbvio que no semestre seguinte, pressionado pela necessidade de aprovar pelo menos metade e cumprir todo o programa mínimo, o professor acabava fazendo o que era esperado: desenvolver o trabalho com os que acompanham enquanto que o restante "teria melhores condições e mais maturidade no próximo ano".

Deve-se ressaltar que o reconhecimento dessa realidade não deve implicar em responsabilizar o professor, como se fosse o responsável pela situação. Na verdade, o professor também é fruto deste quadro e o que se observava, frequentemente, é que ele tinha consciência do problema, mas faltavam-lhe alternativas concretas e efetivas para superá-lo. A análise dos currículos e programas da maioria dos cursos de formação para o magistério revela que dificilmente este professor teria condições técnicas e profissionais para lidar com crianças que apresentam repertório diferente do esperado ou ainda alguma dificuldade de aprendizagem. Assim, dependia muito da boa vontade do professor, do seu nível de envolvimento com a população, etc., uma possível busca de procedimentos alternativos. E nessa empreitada muitos tinham sucesso e outros não...

Os motivos reais responsáveis pelo quadro descrito certamente não se situam na pessoa do aluno ou do professor. É a análise da estrutura e organização da escola que nos possibilita compreender essa realidade. Ou seja, o que acaba gerando e mantendo esses problemas é a própria maneira como a escola está organizada: seus objetivos, as práticas educacionais desenvolvidas, recursos humanos e materiais, condições de trabalho, formas de gestão, etc. Observa-se que toda a tradição educacional tem se baseado num pressuposto implícito segundo o qual é o aluno que deve adequar-se às condições da escola, daí o "padrão de normalidade" existente, considerando "aluno-problema" aquele que não corresponde ao referido padrão.

Obviamente este modelo já demonstrou sua total inadequação, pois acabou por contribuir com o processo de exclusão existente na própria escola, como já relatava, por exemplo, Luís Antônio Cunha[1].

Assim, a busca de uma solução efetiva necessariamente implica em uma ampla reorganização da escola, tendo em vista a sua adequação à realidade da população atendida. Isto significa a revisão dos objetivos e práticas educacionais, além, obviamente, das questões dos recursos humanos e materiais e das condições de trabalho a que o educador está submetido. Em termos educacionais, os grandes desafios que ainda se colocam para o educador é "o que" e "como" ensinar. Principalmente para aqueles que lutam por uma escola democrática, ou seja, uma escola que ofereça um bom padrão de ensino para todos os alunos, independentemente de sua origem social e econômica.

Outra questão que diz respeito ao desenvolvimento das habilidades básicas para a alfabetização relaciona-se com o conhecimento da população atendida. É possível que a existência do referido "padrão de normalidade" esperado para o aluno não tenha incentivado os educadores a pesquisarem melhor o padrão de repertório da população atendida, ou seja, é possível que este modelo tenha influenciado, no sentido de se preocupar em caracterizar "o que o aluno não tem" ao invés de tentar descrever e compreender "como é o aluno" que chega à escola. Em nosso meio, há poucos trabalhos com o objetivo de conhecer e caracterizar o repertório da população atendida pela escola. Um exemplo de estudos deste tipo foi o clássico trabalho

---

[1] Cunha L. A. Educação e desenvolvimento social no Brasil. Rio de Janeiro: Francisco Alves, 1977.

realizado por Poppovic, Esposito e Campos[2], em 1975, visando caracterizar crianças culturalmente marginalizadas, de 4 a 6 anos de idade, dos Parques Infantis do Município de São Paulo. Os dados observados foram utilizados como subsídios para o planejamento de currículos de pré-escola posteriormente realizados pela equipe.

Neste sentido, deve-se ressaltar a importância e necessidade da realização de experiências e projetos educacionais, principalmente na rede de ensino público, visando criar modelos e procedimentos alternativos aos tradicionalmente desenvolvidos na escola. Certamente, esta realidade educacional não se transformará abruptamente, seja pela imposição de modelos ou pela mudança repentina de legislação. É necessário que qualquer proposta ou mudança oficial seja precedida por um período de experiência ou testagem experimental, para que tenha possibilidade de ser implantada com sucesso. Esta busca de novas alternativas pode e deve ser realizada pelos próprios educadores que atuam nas escolas, o que implicará em um maior grau de autonomia das unidades. Além disso, outros recursos da comunidade devem ser mobilizados, como por exemplo, a Universidade. Esta instituição geralmente dispõe de pesquisadores, professores e alunos que podem concretamente desenvolver projetos educacionais nas escolas da comunidade em que está inserida. Certamente a proposta não é tão simples, mas pode ser plenamente viável, dependendo basicamente do grau de consciência e envolvimento dos seus responsáveis.

Esta obra apresenta relatos de experiências que exemplificam este último ponto. Em 1973, professores, supervisores e alunos do Departamento de Psicologia da Universidade de Mogi das Cruzes apresentaram, juntamente com educadores

---

[2] Poppovic, A. M.; Esposito, Y. L. e Campos, M. M. M. Marginalização cultural: subsídios para um currículo pré-escolar. Cadernos de Pesquisa. São Paulo: 1975, 14.

da rede de ensino público, experiências e propostas educacionais, tendo em vista alguns dos problemas enfrentados pelas escolas da região. Ao assumirem o planejamento de estágios da área de Psicologia Educacional, os profissionais definiram que a diretriz básica norteadora seria a realização de projetos educacionais, junto às escolas de região, principalmente da rede de ensino oficial; isto, ao invés dos modelos tradicionais de estágios, em que os alunos, exclusivamente, observam o que corre. Esses modelos tradicionais, além de desmotivadores para os estagiários, em nada contribuem para a superação dos problemas enfrentados. A nova proposta, baseada na realização de projetos, implicou na constante intervenção da universidade na realidade educacional, juntamente com educadores que lá atuavam. Foi assim que se desenvolveram projetos nas áreas de alfabetização, pré-escola, creches, grupos de pais e treinamento de pessoal. Talvez o trabalho mais significativo, realizado por membros da UMC e educadores da Divisão Regional de Ensino de Mogi das Cruzes (DRE-5-Leste), pela sua amplitude, resultados e efeitos, tenha sido o Projeto de Alfabetização da Zona Leste – Mogi das Cruzes (PROLESTE). Aplicado em várias escolas da região, apresentou excelentes resultados, além de inaugurar uma forma de gestão coletiva, com a participação dos próprios educadores da rede. Detalhes deste trabalho podem ser encontrados na publicação de Leite (1982)[3].

Os próprios resultados observados no PROLESTE levaram os membros do Departamento de Psicologia da UMC a proporem novos projetos, visando ao aprimoramento da ação educacional exercida pela rede de ensino público na região. Assim, realizaram-se alguns trabalhos relacionados com o desenvolvimento do repertório de habilidades básicas para a alfabetização.

---

[3] Leite, S. A. S. Alfabetização: um projeto bem sucedido. São Paulo: EDICON, 1982.

Em 1981, foi aplicado, em cerca de 4.000 crianças, um instrumento de avaliação do repertório básico para alfabetização, que mais tarde tornou-se o IAR cujos resultados propiciaram o replanejamento do chamado período preparatório. Desse modo, pela primeira vez na região procurou-se caracterizar melhor a população que entra na escola pública, principalmente a situada nos bairros periféricos. Entretanto, apesar dos esforços, observou-se ainda que uma parcela da população de primeira série apresentava dificuldades durante o período de alfabetização. Este quadro levou o autor a propor um trabalho de maior profundidade, com o objetivo de planejar, implantar e avaliar programas específicos, para o desenvolvimento das habilidades básicas. Este trabalho foi realizado durante os anos de 1981 e 1982, com somente uma classe de alunos, que apresentavam ritmo inicial de aprendizagem mais lento, em uma escola num bairro de periferia de Mogi das Cruzes.

O que se segue são os relatos dessas duas grandes experiências. O capítulo II apresenta a descrição do planejamento e desenvolvimento do IAR – Instrumento de Avaliação do Repertório Básico para Alfabetização. O referido instrumento foi aplicado como um pré-teste no início do ano escolar; em seguida os professores receberam orientação para aplicação dos novos programas de desenvolvimento das habilidades básicas, durante período preparatório; um mês após, o mesmo instrumento foi aplicado como pós-teste. Os resultados são apresentados e discutidos.

No capítulo III é relatada a experiência de Jundiapeba, com o planejamento e desenvolvimento de programas alternativos visando à instalação de repertório de habilidades básicas para a alfabetização. Os dados são apresentados, inclusive os relacionados com o desempenho das crianças no ano seguinte, durante o período em que foram alfabetizadas.

E, finalmente, o capítulo IV apresenta a descrição pormenorizada de programas para o desenvolvimento das habilidades básicas para alfabetização, envolvendo discriminação visual, discriminação auditiva, análise e síntese, verbalização e desenvolvimento motor.

Esses referidos programas foram definidos a partir da experiência de Jundiapeba e, embora tenham sido testados em uma escola pública específica, representam uma contribuição para todos os educadores que trabalham na pré-escola ou séries iniciais.

Em anexo, segue o relato de pesquisa desenvolvida por Najra Danny Pereira e Cássia Leal da Hora, cujo título é "Versão adaptada do IAR: efeitos na avaliação de requisitos para alfabetização de aprendizes com TEA".

Portanto, como o leitor pode observar, esta obra descreve o resultado de trabalhos desenvolvidos em escolas, os quais tiveram como características a busca de novas soluções para velhos problemas. E, talvez, o seu aspecto mais importante seja o fato de que essas propostas foram implantadas em escolas públicas, com resultados muito animadores, sem recursos extras, contando basicamente com o entusiasmo e envolvimento de um grupo de educadores da própria rede pública e da universidade.

2

Planejamento e desenvolvimento do instrumento de avaliação do repertório básico para a alfabetização (IAR)

O trabalho relatado neste capítulo foi realizado em 1981, sob a direção da Equipe de Coordenação do PROLESTE, (Projeto de Alfabetização de Mogi das Cruzes), na época formada, além do autor, pelas seguintes educadoras da DRE-5-Leste de Mogi das Cruzes: Anna Cecília M. Bianchi, Taka Harada, Henny Mazzucatti de Camargo, Marilena C. dos Santos e Apparecida Cardoso Pozo.

CARACTERIZAÇÃO DO PROBLEMA

Desde a implantação do PROLESTE, em escolas da região de Mogi, no ano de 1977, observou-se que uma das dificuldades, com a qual os professores de primeira série se defrontavam, nos início das aulas, era avaliar o repertório básico e as dificuldades que os alunos apresentavam. Além disso, após o período preparatório, outra questão era decidir quais alunos estavam em condições de iniciarem o período de alfabetização propriamente dito. Tais decisões geralmente dependiam exclusivamente do julgamento e das concepções que o professor apresentava sobre o assunto.

Na prática, o seguinte procedimento era adotado: – com a chegada dos novos alunos para a primeira série, no começo do ano, as classes eram formadas de acordo com critérios que variavam, de escola a escola. Algumas dividiam por idade, outras pelo tamanho, outras pelo fato de o aluno ser repetente ou não; algumas levavam em consideração se os alunos que tinham cursado a pré-escola ou o parque infantil municipal, etc. Não havia, entretanto, um critério que levasse em conta o repertório inicial do aluno e/ou características de aprendizagem. Assim, com a utilização destes critérios, as classes formadas eram heterogêneas. Aliás, esta era a orientação oficiosa dos próprios técnicos da rede, pressupondo que um aluno de aprendizagem, por exemplo, mais lenta, sentir-se-ia motivado para aprender, se colocado numa mesma classe com alunos de ritmo mais rápido. Entretanto, desconheciam-se estudos demonstrando tal relação e, na realidade, o que se observava era uma situação exatamente inversa daquela pressuposta.

Com relação às atividades desenvolvidas durante o período preparatório, sua escolha também dependia dos critérios pessoais do professor, ou seja, dependia da concepção e nível de informação que o professor apresentasse sobre a questão da "prontidão para a alfabetização". Uma vez que não havia consenso, os objetivos e tipos de atividades variavam entre as escolas e, muitas vezes, entre os próprios professores de um mesmo estabelecimento. O que se observava como consequência, era uma ênfase maior em alguns tipos de atividade em detrimento de outros. Por exemplo, grande parte das atividades adotadas dirigiam-se ao treino motor fino (movimento de escrita) e desenvolvimento de conceitos verbais tais como de espaço, tamanho, lateralidade, cores, etc. Por outro lado, era raro o professor que desenvolvia as habilidades básicas como análise e síntese, fundamentais para o processo de alfabetização.

Este quadro se explicava, em parte, pelo próprio despreparo do professor, na medida em que a questão da prontidão geralmente era mal abordada (quando era...), durante os cursos de formação para o magistério. Na medida em que o professor, despreparado, defrontava-se pela primeira vez com uma classe de primeira série e precisava tomar decisões, acabava por reproduzir as atividades que outros professores com mais experiência desenvolviam, os quais por sua vez já haviam passado por situação semelhante. Assim, era desta forma, grosso modo, que se cristalizavam as tradições pedagógicas na escola.

É interessante observar as explicações "teóricas" frequentemente difundidas na escola para justificar o quadro acima descrito. O conceito de prontidão era utilizado quase como sinônimo do conceito de maturidade. Assim, como essas crianças iniciavam-se precocemente na alfabetização, acabavam apresentando dificuldades, sendo esse fracasso explicado, dizendo-se que "a criança não estava madura para ler e escrever". O conceito de maturidade era, portanto, utilizado no sentido de alguma coisa que ocorre dentro da criança e que vai determinar o momento ideal de aprender, assim como uma fruta que "amadurece de dentro para fora". Nota-se, também, nesta explicação que a maturidade era vista como uma condição que depende prioritariamente da passagem do tempo ("a criança vai estar madura somente aos sete anos") e, secundariamente, das condições de vida da criança. Desta forma, acabava-se utilizando este conceito como um bode expiatório, que tinha como consequências finais responsabilizar a própria criança como "a culpada" pela não aprendizagem, ao mesmo tempo em que minimizava o papel do ambiente e, por consequência, da própria escola e do educador.

Tais explicações, ainda identificadas em nosso meio, encontram suporte nas concepções pré-deterministas descritas por Hunt (1961)[4] e discutidas por Patto (1973)[5].

Entretanto, nas últimas décadas, foram realizados inúmeros estudos cujos resultados demonstram que o ambiente (portanto a história da vida, condições socioeconômicas, etc.) tem um papel fundamental no desenvolvimento de novos comportamentos. Assim, as chamadas habilidades básicas para alfabetização não surgem automaticamente, como num passe de mágica; ao contrário, dependem das experiências de aprendizagem anteriores, surgidas em função da constante interação do individuo com o seu meio ambiente. Não basta, portanto, a mera passagem do tempo; é necessário que, durante este tempo, o indivíduo tenha vivenciado experiências que propiciem a aprendizagem de comportamentos significativos, no caso, para o processo de alfabetização.

Outros estudos também demonstraram que, no desenvolvimento humano, a aprendizagem de certas habilidades complexas depende de outras habilidades anteriores, que já tenham sido aprendidas. Assim, podemos considerar estas, como pré-requisitos daquelas. Em outras palavras, uma das maneiras pela qual um individuo aprende novas habilidades é através de um processo cumulativo, em que determinados comportamentos facilitam ou possibilitam a aprendizagem de outros. Pode-se imaginar, portanto, que a ausência de determinadas habilidades importantes (não aprendidas) pode impossibilitar ou dificultar a aprendizagem de outras habilidades mais complexas.

---

[4] Hunt, J. Mc V. Intelligence and experience. New York: Ronald Press, 1961.

[5] Patto, M.H.S. Privação cultural e educação pré-primária. Rio de Janeiro: Editora José Olímpio, 1973.

O importante neste processo é destacar que a aprendizagem ocorre a partir da relação do individuo com seu meio, através de um agente mediador, ou seja, diz-se que ocorre a aprendizagem quando há alguma alteração no repertório de comportamentos do indivíduo (seja pela adição ou pela alteração de comportamentos), como resultado de alguma experiência vivenciada, através da ação de um agente mediador, e que comportamentos complexos dependem de aprendizagem anterior de outros, considerados como pré-requisitos daqueles.

É este quadro de referência que possibilitará uma melhor compreensão do problema do desenvolvimento das habilidades básicas para a alfabetização. É possível, através da análise dos comportamentos de ler e escrever, identificar os comportamentos pré-requisitos que facilitam sua aprendizagem. Isto possibilitaria o planejamento de instrumentos, visando avaliar o repertório das crianças, tendo em vista essas habilidades básicas, além de possibilitar dirigir a ação educacional para o planejamento de programas que visem garantir essas referidas habilidades.

Uma outra consequência deste referencial é a perda da especificidade do conceito de "prontidão para a alfabetização", pelo menos de forma como tem sido tradicionalmente compreendido. O próprio termo pode ser substituído, pois está intimamente relacionado com as concepções pré-deterministas. Com relação à maturação, o conceito refere-se ao processo de desenvolvimento anátomo-fisiológico, principalmente do sistema nervoso, o que sem dúvida é uma condição básica para a aprendizagem e também depende, entre outros fatores, das condições de vida do indivíduo (por exemplo: alimentação adequada, estimulação ambiental, etc.).

Vista por este ângulo, a questão do desenvolvimento das habilidades básicas para alfabetização deve ser compreendida e discutida como uma questão educacional; ou seja, uma vez que essas habilidades e conceitos são aprendidos através da interação entre a criança e o seu meio, sendo o planejamento das condições desse meio ambiente escolar de responsabilidade do professor, pode-se concluir que o desenvolvimento dessas habilidades é, em última instância, responsabilidade também dos educadores.

Em termos concretos, os desafios que se colocam aos educadores são basicamente dois: a) quais são essas habilidades facilitadoras do processo de alfabetização? b) como ensiná-las?

Em nosso meio, uma das tradicionais autoras que mais pesquisaram a questão da alfabetização e seus pré-requisitos foi Ana Maria Poppovic e sua equipe.

Em uma publicação, juntamente com outras autoras[6], considerava as seguintes áreas como básicas para o desenvolvimento dos pré-requisitos para alfabetização e matemática:

- discriminação visual: processo de descobrir diferenças e semelhanças nos estímulos visuais percebidos;
- discriminação auditiva: processo de distinguir claramente os sons, sem confundir os semelhantes;
- coordenação motora: envolvendo o desenvolvimento motor amplo, destinado ao treinamento dos membros ou do corpo inteiro para tornar a criança ágil e harmoniosa e a coordenação viso-motora, que habilita a criança a realizar traçados simples, formados por linhas curvas e retas;
- atenção, observação e identificação;
- conceitos básicos: envolvendo a orientação espacial como sendo a capacidade de perceber as propriedades espaciais que um objeto tem, em relação a quem está observando. Aqui entram

---

[6] Poppovic, A. M.; Esposito, Y. L.; Grosbaum, M. W.; Rosenberg, L. e Franco, M. L. P. B. Cartas à professora de Alfa Um. São Paulo: Abril Educação, 1977.

os conceitos de posição, direção, tamanho, distância, localização, etc.;

- ordenação temporal: visando confirmar a noção de que há coisas que se seguem a outras no tempo;
- sequência: visando levar a criança a descobrir a lógica existente em sequências de estímulos;
- análise: operação de decomposição de um objeto em unidades menores;
- síntese: operação que coloca unidades juntas para formar um todo;
- comunicação.

Há muitas outras publicações sobre o assunto, principalmente com sugestões de atividades para o professor desenvolver em sala de aula. Entretanto, são raros os programas completos que tenham sido testados anteriormente. Da mesma forma, inexistem instrumentos de avaliação de repertório, que possibilitem aos educadores centrar o enfoque da ação educacional nas áreas mais prementes, tendo em vista a realidade da população que era atendida pelos projetos.

Em função disto e da própria situação vivenciada pelos professores das primeiras séries, no início do ano escolar, decidiu-se pela elaboração e aplicação de um instrumento que permitisse uma descrição mais precisa do repertório da população da região de Mogi das Cruzes, o qual fornecesse ainda subsídios para um replanejamento do período preparatório, baseando-se nos dados observados.

DESCRIÇÃO DO INSTRUMENTO DE AVALIAÇAO DO REPERTÓRIO BÁSICO PARA ALFABETIZAÇÃO (IAR)

O presente Instrumento de Avaliação do Repertório Básico para Alfabetização (IAR)[7] foi planejado com o objetivo de avaliar as habilidades consideradas básicas para o processo de alfabetização.

Trata-se de um caderno, diante do qual o aluno deve emitir uma série de respostas a questões e situações planejadas, podendo ser aplicado individual ou coletivamente[8].

O procedimento adotado até a elaboração da forma final envolveu dois momentos distintos. No primeiro, foi realizado um amplo levantamento nas publicações disponíveis, sobre a questão das habilidades básicas para a alfabetização. Consultaram-se, principalmente, o material disponível para consumo do próprio aluno, além de guias de orientação para professores, incluindo as próprias publicações feitas pelos órgãos da Secretaria de Educação. Com isto foi possível classificar todas as atividades em áreas, de acordo com a natureza dos comportamentos envolvidos.

Num segundo momento passou-se à seleção dessas áreas, tendo como critério a escolha daquelas que corresponderiam a pré-requisitos básicos para a alfabetização. Descartaram-se, por este critério, as habilidades consideradas correquisitos, isto é, habilidades importantes, mas que poderiam ser desenvolvidas simultaneamente ao período de alfabetização propriamente dito. Por exemplo: vocabulário básico - embora seja uma área muito importante, considerou-se que não se situa necessariamente

---

[7] Leite, S. A. S. Instrumento de avaliação do repertório básico para alfabetização (IAR). São Paulo: EDICON, 1984.

[8] Os educadores que tiverem interesse em adquirir e utilizar o IAR com seus alunos encontrarão todo o material necessário (cadernos de aplicação, guias de instrução para o professor e folhas de registro) na EDICON - Editora e Consultoria Ltda. - www.edicon.com.br

como pré-requisito pois deve ser desenvolvido durante toda a vida escolar da criança.

Definidas as áreas, passou-se à escolha dos conteúdos de cada uma delas, ou seja, de quais conceitos e habilidades seriam efetivamente avaliados. O critério utilizado foi o de que as habilidades a serem avaliadas deveriam corresponder a seu nível mais alto de complexidade. Por exemplo, na área de discriminação auditiva selecionaram-se os desempenhos considerados de maior dificuldade, de modo a garantir que, se o aluno respondesse corretamente, isso realmente seria indicativo de um bom nível de discriminação auditiva.

A etapa seguinte, estando os conteúdos escolhidos, foi decidir sobre os estímulos e a disposição dos mesmos no caderno de respostas. Os cuidados, aqui, restringiram-se à escolha de modelos que melhor se adaptassem aos objetivos do item, tendo em vista também a população a que se destinavam.

No final, o IAR configurou-se formado por 13 áreas, cada uma com vários itens. As habilidades a serem avaliadas, em cada uma delas, são as seguintes:

I - **Esquema Corporal:** formada por quatro itens, tem como objetivo avaliar se o aluno é capaz de localizar adequadamente a cabeça, os braços, as pernas, os olhos, o nariz, a boca e as orelhas.

II - **Lateralidade:** formada por quatro itens, tem como objetivo avaliar se o aluno é capaz de identificar os lados direito e esquerdo, em relação ao seu próprio corpo e em relação a estímulos do ambiente:

III - **Posição:** formada por seis itens, tem como objetivo avaliar se o aluno é capaz de identificar a utilização correta dos conceitos embaixo, em cima, dentro, ao lado, em frente e entre.

IV - **Direção:** formada por dois itens, tem como objetivo avaliar se o aluno é capaz de identificar corretamente exemplos envolvendo os conceitos *para cima e para baixo.*

V - **Espaço:** formada por dois itens, com o objetivo de avaliar se o aluno identifica corretamente os conceitos *perto e longe.*

VI - **Tamanho:** formada por nove itens, com o objetivo de avaliar se o aluno identifica corretamente situações que envolvam os conceitos *menor, maior, grande, pequeno, comprido, alto, baixo, grosso e fino.*

VII - **Quantidade:** formada por seis itens com o objetivo de avaliar se o aluno é capaz de identificar corretamente exemplos envolvendo os conceitos de *mais, menos, cheio, vazio, muitos e nenhum.*

VIII - **Forma:** formada por três itens, com o objetivo de avaliar se o aluno é capaz de identificar corretamente *o quadrado, o círculo e o triângulo.*

IX - **Discriminação visual:** formada por seis itens, com o objetivo de avaliar se o aluno é capaz de identificar estímulos visuais (objetos conhecidos, letras, sílabas e palavras), iguais e diferentes. No caso de objetos conhecidos, as diferenças utilizadas foram de detalhe e de rotação do mesmo estímulo. No caso de letras, sílabas e palavras, foram utilizadas aquelas que se assemelham quanto à forma, como o b/d, m/n, p/g, o/a, m/n.

X - **Discriminação auditiva:** formada por três itens, tem como objetivo avaliar se o aluno é capaz de identificar palavras que se iniciam e terminam por sons semelhantes. No caso dos sons iniciais, selecionaram se palavras que apresentam sons semelhantes. Exemplos: [c]/[g], [f]/[v], [t]/[d],etc. As palavras eram apresentadas através de desenhos de estímulos conhecidos. No primeiro item dos sons iniciais, o aluno deve identificar qual das três palavras tem o som inicial semelhante ao do modelo, enquanto que no segundo item, o aluno deve identificar duas palavras dentre quatro com sons iniciais iguais, sem um modelo. Da mesma forma o terceiro item (identificar palavras com som final semelhante) não tem modelo.

XI - **Verbalização:** trata-se de uma área com somente um item, sendo sua aplicação necessariamente individual. O objetivo é verificar se o aluno é capaz de verbalizar (articular corretamente) todos os sons da língua portuguesa. Para tanto, selecionaram-se palavras correspondentes a nomes e objetos conhecidos envolvendo exemplos de todos os sons da Língua. O professor fornece o modelo e o aluno deve repetir.

XII - **Análise e Síntese:** formada por cinco itens, tem por objetivo verificar se o aluno é capaz de identificar corretamente as partes componentes de um todo e vice-versa, o todo correspondente à união de determinados elementos. Foram utilizadas figuras geométricas (uma série) e palavras formadas por sílabas (três séries). O quinto item desta área tem por objetivo verificar se o aluno é capaz de verbalizar palavras dividindo-as em sílabas (análise auditiva) e deve ser aplicado individualmente: a professora verbaliza a palavra normalmente e o aluno deve repeti-la com pausas entre as sílabas.

XIII - **Coordenação Motora Fina ou Viso-Motora:** formada por 14 itens, tem por objetivo verificar se o aluno é capaz de reproduzir graficamente através de modelos, os principais movimentos necessários para a escrita das letras. O último item avalia a capacidade de cópia do aluno.

O IAR foi planejado inicialmente para ser aplicado coletivamente, embora possa ser facilmente adaptado para ser aplicado individualmente, o que garante, obviamente, maior controle pelo aplicador e, como consequência, maior fidedignidade dos resultados. Na aplicação coletiva, as respostas mais exigidas são de *marcar com um X*, *fazer uma bola em volta*, *desenhar* ou *pintar*, além daqueles itens que exigem os comportamentos de falar e escrever; enquanto na aplicação individual, a maioria das respostas restringe-se a *apontar, falar e escrever*, sendo o tempo de aplicação mais rápido do que o da coletiva. Além disso, na aplicação coletiva devem-se tomar cuidados adicionais, como trabalhar com grupos pequenos de modo a não possibilitar a "cola", dividir a aplicação no mínimo em duas etapas, cuidar para que todos entendam as instruções, etc. Neste sentido, juntamente com o caderno do aluno, foi preparado um guia contendo todas as instruções necessárias para a aplicação individual e coletiva.

As respostas emitidas pelos alunos podem ser registradas nos próprios cadernos ou folhas isoladas, no caso das aplicações individuais; neste caso, o aplicador facilmente poderá realizar uma análise das mesmas a partir da observação dos resultados.

No caso das aplicações coletivas, planejou-se uma folha de registro única, de tal forma a facilitar a análise quantitativa dos resultados, de acordo com o seguinte procedimento: após o término das aplicações, o professor deverá corrigir as respostas de cada aluno e marcar ao lado do nome do item, no próprio caderno, o número de respostas corretas. Feito isto para todos os alunos, o professor poderá então passar os resultados para a folha de registro geral. Nesta folha, que se assemelha a uma tabela, ao lado do nome de cada aluno há espaços correspondentes para se registrar o resultado em cada uma das 13 áreas avaliadas no IAR. Porém, ao invés de registrar o número de respostas corretas, o professor deverá pintar o espaço com uma das três cores de acordo com o seguinte código: *azul*, se o aluno acertou todos os itens da área (100% de acerto), *verde*, se o aluno acertou mais da metade dos itens (50 a 99% de acertos) e *vermelho*, se o aluno acertou até metade (0 a 49% de acertos). Em outras palavras, o azul significa o domínio total da área pelo aluno; verde significa alguma dificuldade e vermelho, muita dificuldade. A folha de registro, preenchida desta maneira, possibilita uma análise quantitativa dos resultados, quase imediatamente, e de visualização muito mais fácil do que os dados numéricos. A leitura horizontal das cores indica como cada aluno está em cada área, enquanto que a leitura vertical indicará em que áreas concentram-se alunos com mais ou menos dificuldades.

IAR - INSTRUMENTO DE AVALIAÇÃO DO REPERTÓRIO BÁSICO PARA A ALFABETIZAÇÃO
Sérgio Antonio da Silva Leite

FOLHA GERAL DE REGISTRO

ESCOLA: ______
CLASSE: ______ DATA __/__/__
APLICADOR: ______

OK AZUL – ALUNO ACERTOU TUDO (100% DE ACERTO) OK VERDE – ALUNO ERROU ATÉ A METADE DOS EXERCÍCIOS OK VERMELHO – ALUNO ERROU MAIS DA METADE DOS EXERCÍCIOS ALUNO	**I** ESQUEMA CORPORAL	**II** LATERALIDADE	**III** POSIÇÃO	**IV** DIREÇÃO	**V** ESPAÇO	**VI** TAMANHO	**VII** QUANTIDADE	**VIII** FORMA	**IX** DISCRIMINAÇÃO VISUAL	**X** DISCRIMINAÇÃO AUDITIVA	**XI** VERBALIZAÇÃO DE PALAVRAS	**XII** ANÁLISE-SÍNTESE	**XIII** COORDENAÇÃO MOTORA FINA	OBSERVAÇÕES

Por outro lado, caso o professor queira fazer uma análise qualitativa - por exemplo, quais os erros mais frequentes cometidos pelos alunos em determinada área - deverá consultar os cadernos individualmente e fazer a tabulação em folha à parte.

Como se pode observar, o IAR configura-se como instrumento que pode ser de grande utilidade para o educador, na medida em que possibilitará uma análise quantitativa e qualitativa do repertório de entrada do aluno, o que fornecerá subsídios para posterior planejamento de programas a serem implantados, em função das dificuldades e características específicas observadas na população. Desta maneira, a decisão sobre o que ensinar na fase inicial do processo de alfabetização deixa de ser arbitrária e passa a ser função da própria realidade dos alunos.

Entretanto, o IAR apresenta limitações que devem ser consideradas, para que sua utilização seja a mais adequada possível. Talvez a principal delas seja que, enquanto instrumento de avaliação, o IAR irá definir os aspectos comportamentais determinados por quem o programou, ou seja, o que se considera como habilidades básicas delimitará, em última instância, os próprios limites de sua ação. Portanto, no presente caso, o que se poderia discutir é exatamente a escolha das próprias 13 áreas consideradas como básicas para alfabetização, incluindo os itens que as compõem. Outra questão relacionada é se não deveriam estar incluídas outras habilidades, tais como coordenação motora global, sequências e habilidades de atenção e observação. Certamente, poderiam estar incluídas, mas deve ser lembrado que o presente IAR não foi planejado para ser um instrumento de avaliação global da criança, mas sim um instrumento de avaliação das habilidades específicas, relacionadas com a leitura e a escrita. Isto, porque sua consecução visa atender um problema especifico enfrentado pelos professores das séries iniciais e pré-escola, ou seja, obter uma descrição quantitativa e qualitativa do repertório das crianças, de modo a fornecer subsídios para a aplicação de programas de ensino, posteriormente planejados, visando ao desenvolvimento das habilidades básicas, para o processo de alfabetização. Entretanto, isto não impede que se utilize o IAR de uma forma ampliada, incluindo outros itens que eventualmente sejam considerados importantes. Por exemplo, é possível arrolar as habilidades motoras amplas julgadas básicas e planejar situações em que os alunos demonstrem ou não o domínio das mesmas. O mesmo pode ser feito com relação às sequências, onde o aluno deverá identificar o padrão lógico que caracteriza as sequências de determinados estímulos. Com relação à atenção, é possível que não haja necessidade de se planejarem itens específicos, uma vez que a própria observação do aluno, na situação de resposta, fornecerá informações sobre tal habilidade.

Finalmente deve-se ressaltar que o IAR não pode ser confundido com um teste psicológico. Isto porque os referidos testes, planejados para medirem habilidades ou características psicológicas, geralmente implicam num padrão de normalidade a ser considerado, que é função da própria teoria subjacente ao teste ou função do tratamento estatístico realizado, o qual pressupõe que aquela determinada habilidade que se pretende medir, distribui-se segundo determinado padrão na população (geralmente segundo o padrão de uma curva de Gauss). Desta forma, o teste supõe um padrão de normalidade e, como consequência, também um padrão de anormalidade. Teoricamente, a fidedignidade desse padrão vai depender do teste ter sido validado com os mais diversos níveis da população.

Uma consequência disto é que os resultados obtidos por um sujeito num teste, na medida em que se inserem numa categoria estatística, acabam por rotular o comportamento do indivíduo, sendo que, muitas vezes, o próprio indivíduo acaba sendo rotulado ou estigmatizado.

Ainda outro aspecto relacionado aos testes, é que estes, geralmente, não fornecem subsídios diretos para uma ação educacional que venha auxiliar na superação das dificuldades observadas. Dizer, por exemplo, que o individuo tem um QI 70, revela muito pouco sobre seu repertório. Mesmo quando se faz uma análise qualitativa do teste, os dados que se têm são limitados pelas concepções teóricas que determinaram o conteúdo especifico do próprio teste. Levando-se em conta que a maioria dos testes, principalmente de inteligência, são estrangeiros, as possibilidades dessa análise ficam muito limitadas.

Talvez a questão central dos testes psicológicos relacione-se com os efeitos sociais que seus resultados acabam tendo. Frequentemente, resultados negativos em um teste, por exemplo, de inteligência, acabam se revertendo contra o indivíduo, na medida em que são interpretados como uma característica própria do sujeito, pela qual nada se pode fazer. Embora os profissionais tentem manter controle sobre os efeitos desses resultados, a concepção que se popularizou foi a do rótulo, definindo uma característica própria do indivíduo.

Diferentemente dos testes, o IAR caracteriza-se fundamentalmente como um instrumento descritivo, que dispensa tratamento estatístico na medida em que não visa classificar resultados. Consequentemente, não utiliza rótulos. Entretanto, sua validade vai depender das concepções subjacentes de quem o programou. Assim, as críticas que porventura forem feitas deverão ter relação com esta questão central, ou seja, às concepções que o determinaram. Talvez a principal vantagem do IAR, na medida em que se restringe à descrição do repertório do indivíduo, é possibilitar diretamente subsídios para a programação de uma ação educacional em função dos resultados obtidos.

DESCRIÇÃO DO TRABALHO REALIZADO COM O IAR

No início de 1981, a equipe de coordenação do PROLESTE decidiu aplicar o IAR, em todas as crianças matriculadas nas primeiras séries, das escolas em que o referido projeto era adotado, com recursos materiais fornecidos pela própria Secretaria da Educação, através da DRE-5-LESTE - Divisão Regional de Ensino da Zona Leste. Pela primeira vez, seria realizada uma avaliação do repertório de entrada da população atendida pela rede pública. O principal motivo dessa decisão relacionava-se, como já foi comentado, com as dificuldades encontradas pelos professores, para decidir quais atividades desenvolver durante o período preparatório. Visava-se, agora, coletar dados da população, que pudessem ser utilizados como critérios mais objetivos. Outro motivo era que os dados sobre o desempenho das crianças, no PROLESTE, mostravam que uma parcela reduzida da população necessitava de um tempo maior para dominar os passos iniciais do programa. Neste sentido, com a aplicação do IAR, seria possível detectar as crianças que, provavelmente, teriam maior ou menor dificuldade inicial, em função das habilidades básicas avaliadas; isto possibilitaria o direcionamento de programas específicos na fase inicial do processo.

Em síntese, o plano seguido foi o seguinte: a) aplicar o IAR no início do ano escolar em todas as crianças; b) identificar as crianças que necessitassem passar por todos os programas previstos, as que passariam apenas parcialmente e aquelas que não necessitariam desses programas, podendo iniciar a alfabetização imediatamente; c) orientar os professores que aplicariam os programas necessários nessa fase inicial; d) replicar o instrumento no final dessa fase inicial e comparar com a primeira aplicação. Portanto, a aplicação inicial do IAR serviria como pré-teste para o período preparatório e a segunda como um pós-teste.

Antes do início das aulas, estando todo o material confeccionado (cadernos, guias de instrução e folha de registro), todos os professores e coordenadores pedagógicos das escolas envolvidas passaram por um período de treinamento, onde todos os procedimentos para a aplicação do IAR foram discutidos, sendo realizada também uma pequena dramatização da situação de aplicação. Na medida em que as classes inicialmente formadas teriam de 30 a 35 alunos, planejou-se a aplicação do IAR em grupos de 15 alunos por vez, com duas sessões para cada grupo, com duração de até 1 h 30 min cada uma. Caso fosse necessário, o professor poderia utilizar ainda uma terceira sessão. Assim, enquanto 15 alunos ficavam em sala, o restante permanecia no pátio ou com outra professora; tal medida visava facilitar o controle da professora, principalmente no sentido de evitar que as crianças copiassem umas das outras. Os itens individuais poderiam ser aplicados pelo professor no restante do período de aula. Terminada a aplicação, o professor deveria corrigir os cadernos e passar os resultados na folha de registro geral, utilizando-se do critério das três cores. Solicitou-se, também, que o IAR não fosse caracterizado como prova, mas apresentado como uma lição.

O IAR foi aplicado no final da primeira semana de aula em aproximadamente 4.000 crianças, distribuídas em 135 classes de 26 escolas da região da DRE-5-LESTE, nos municípios de Mogi das Cruzes e Suzano.

O que se observou nessa primeira aplicação foi, até certo ponto, surpreendente. A Figura 1 apresenta a porcentagem média dos alunos de quatro escolas em cada uma das 13 áreas, nas três categorias consideradas: azul (100% de acerto), verde (50 a 99% de acerto), e vermelho (0 a 49% de acerto). Os dados dessa primeira aplicação estão indicados como "pré-teste", sendo apresentados somente os de quatro escolas, uma vez que o mesmo padrão de resultados foi observado praticamente nas demais.

Pode-se observar, nos resultados do pré-teste, que nas oito primeiras áreas, incluindo a XI (verbalização), a porcentagem de alunos na categoria vermelha foi inferior à porcentagem dos alunos que tiveram 100% de acerto (azul), exceto na área VIII (forma). Por outro lado, nas área IX, X, XII e XIII observa-se exatamente o inverso, onde a porcentagem dos alunos com grande dificuldade (vermelho) superou as categorias azul e verde.

Isto significa que a maioria das crianças apresentava melhor desempenho nas áreas que avaliavam basicamente conceitos verbais (áreas I a VIII), exceto nas áreas tamanho e forma. Por outro lado, o nível de dificuldade era bem maior nas áreas que avaliavam habilidades mais complexas (discriminação auditiva e visual, análise/síntese e coordenação motora). Isto foi surpreendente pois esperava-se, de modo geral, um baixo nível de desempenho em todas as áreas, inclusive as que envolviam basicamente conceitos verbais. Além disso, isto também era esperado nas escolas pelos professores, pois, tradicionalmente, grande parte do período preparatório era dirigido para atividades visando garantir esses referidos conceitos verbais. Assim, numa primeira aplicação, o IAR demonstrou que as áreas em que a população mais apresentava dificuldades, eram as menos trabalhadas na fase inicial do processo. Isto tornava-se mais grave na medida em que essas dificuldades, principalmente nas áreas de discriminação auditiva e visual, generalizavam-se para toda a população.

Em função desses resultados, todas as crianças foram reagrupadas, formando-se classes em que os alunos apresentavam níveis de dificuldades não muito discrepantes, o que facilitaria o trabalho pedagógico do professor. Por exemplo, uma criança com dificuldades generalizadas deveria estar em classes menores, com alunos de mesmas características, na medida do possível.

Para início da fase inicial do processo escolar, os professores foram orientados para o desenvolvimento de atividades, especialmente, nas áreas onde se observou maior dificuldade (discriminação auditiva e visual, análise/ síntese e coordenação motora). Na área de discriminação auditiva, os professores foram orientados para desenvolverem principalmente dois objetivos: habilitar a criança a repetir corretamente os sons da língua através de modelos e capacitar as crianças a reconhecerem os sons de vogais e sílabas iguais e diferentes, no início e no final de palavras. Na discriminação visual, orientaram-se os professores para desenvolverem atividades que levassem os alunos a identificarem estímulos iguais e diferentes, com variação de detalhes; deveriam iniciar com estímulos de figuras conhecidas e terminar, necessariamente, com a utilização de letras, sílabas e palavras. Com relação à análise/síntese, o professor deveria trabalhar com atividades que levassem as crianças a dividirem um todo em partes e, a partir de partes, formarem um todo; essas atividades deveriam ser iniciadas com figuras de estímulos conhecidos e terminar com a utilização de palavras, explorando-se a relação sílaba – palavra. Finalmente, na coordenação motora fina, previram-se exercícios que habilitassem a criança a desenvolver traçados, numa ordem crescente de dificuldades.

Orientou-se também cada professor para estar atento no sentido de observar se a criança seguia instruções, mantinha-se em atenção concentrada e demonstrava compreensão dos conceitos utilizados. No caso de dificuldades observadas, o professor deveria dar atenção especial para a referida criança.

Durante a aplicação dos programas, funcionou o mesmo sistema de supervisão utilizado no PROLESTE. Semanalmente havia uma reunião da equipe de direção com as coordenadoras pedagógicas e outra entre cada coordenadora com sua equipe de professores (esta última, na escola). Nesses encontros, discutiam-se os problemas observados e realizavam-se constantes revisões do trabalho, replanejamento e previsão de término. Na falta da coordenadora, uma das professoras da escola assumia essa função durante um período de tempo, revezando-se posteriormente com outras colegas.

Após cinco ou seis semanas dessa fase inicial (começo de abril), reaplicou-se o IAR em todas as crianças, agora com caráter de pós-teste. Os mesmos cuidados foram tomados, exceto que não se julgou necessário novo período de preparação dos docentes para aplicação. Os resultados dessa aplicação estão apresentados na Figura 1, em cada área, ao lado dos dados do pré-teste, para facilitar comparação. Os dados das mesmas quatro escolas foram apresentados.

Pode-se observar que, em todas as áreas, houve aumentos significativos da categoria azul e diminuição da categoria vermelho. Entretanto, há três áreas que chamam atenção pelos resultados: discriminação auditiva, visual e análise/síntese. Apesar de serem observadas mudanças significativas, observa-se que no pós-teste, cerca de 20% da população ainda apresentava grandes dificuldades, principalmente na discriminação auditiva. Algumas hipóteses podem ser sugeridas para explicar esses resultados. É possível que o tempo de trabalho pedagógico tenha sido insuficiente para uma parcela da população; além disso, deve-se notar que os professores não dispunham do programa completo para desenvolverem durante o período preparatório, e sim sugestões de atividades, que embora tenham sido elaboradas com critério, não propiciaram um controle adequado do nível de aprendizagem das crianças.

De qualquer forma, pode-se concluir que, apesar dos bons resultados observados, as condições planejadas não foram suficientes para cerca de 20% da população. Este dado coloca a questão da eficiência do próprio período preparatório: pode-se imaginar qual será efetivamente o seu efeito, quando é realizado sem orientação alguma, com atividades que não correspondam às necessidades das crianças.

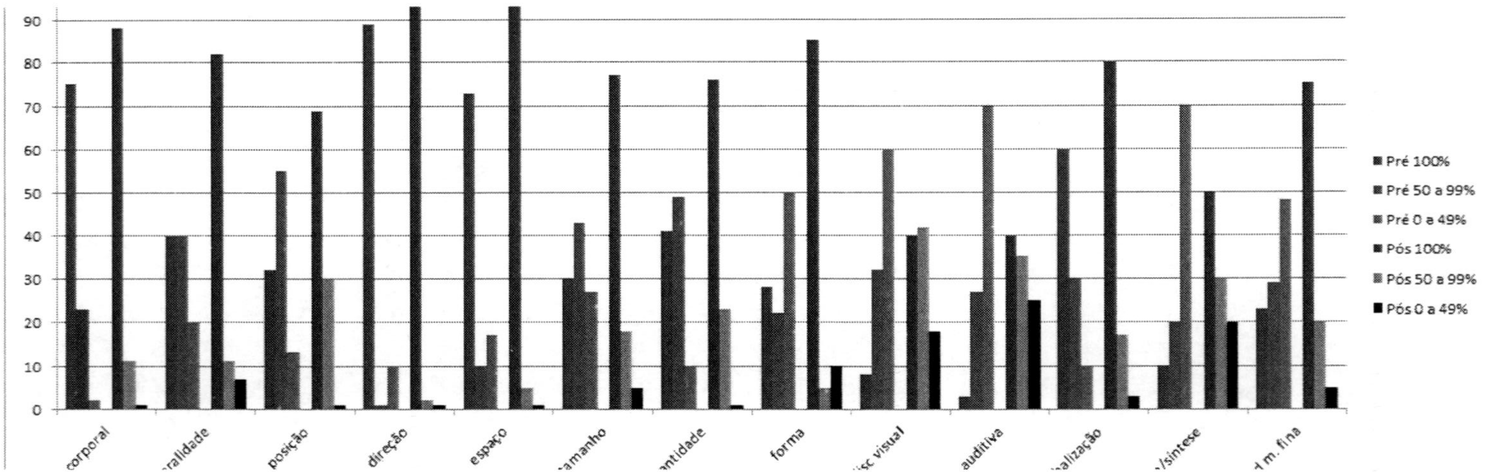

Fig. 1 - Porcentagem de alunos nas três categorias de acerto consideradas, nos pré e pós testes, em cada um dos 13 itens avaliados. Os dados são de quatro escolas, sendo N = 414 alunos no pós-teste.

No caso presente, a equipe de coordenação do PROLESTE e as coordenadoras pedagógicas decidiram que as crianças que, no pós-teste não haviam demonstrado progresso, deveriam ser agrupadas para a prática de atividades específicas para o desenvolvimento desses pré-requisitos, durante mais tempo, retardando o início do período de alfabetização propriamente dito.

ALGUMAS CONSIDERAÇÕES SOBRE O TRABALHO RELATADO

Talvez o ponto mais importante, do relato acima descrito, relacione-se com o IAR propriamente dito. A existência de um instrumento que possibilitou informações mais precisas sobre o repertório da população mudou radicalmente as decisões assumidas com relação ao período preparatório e o desenvolvimento das habilidades básicas, para o processo de alfabetização.

A grande vantagem é que o educador passa a decidir menos em função de sua subjetividade e mais em função da realidade do aluno. A ausência de instrumentos deste tipo tem levado muitas vezes a decisões imprecisas ou até mesmo preconceituosas. É comum, por exemplo, um professor avaliar um aluno como sendo "fraco", quando, na realidade, ele tem um bom desempenho acadêmico, sendo que o problema situa-se no nível do relacionamento social com as demais crianças ou com o próprio professor. Assim, instrumentos como o IAR permitem uma descrição mais objetiva do repertório, além de possibilitar ao professor discriminar melhor o tipo de dificuldade de um aluno e decidir-se por uma ação mais eficiente. Em última instância, este é um exemplo que caracteriza o esforço de adaptação da escola à população atendida.

No exemplo relatado, os resultados do IAR revelaram alguns aspectos da população, até então desconhecidos. Embora tenha havido casos típicos, o padrão geral de respostas demonstrou determinados problemas bastante generalizados nas crianças da região, em certas áreas avaliadas. Quando o IAR foi aplicado, posteriormente, em alunos de escolas particulares, os resultados mostraram, embora em menor escala, que as áreas que mais concentravam erros continuavam sendo discriminação auditiva, seguida da discriminação visual e análise/síntese.

Duas possibilidades podem estar ocorrendo. Pode ser que essas habilidades sejam realmente complexas e as crianças da região, aos sete anos, ainda não experienciaram condições de aprendizagem que garantissem um desempenho melhor, nas respectivas áreas. É bastante provável que crianças, mesmo as de classe média, não tenham tido experiências de vida que possibilitassem, por exemplo, identificar palavras que se iniciam por determinados sons. Nesse caso, é função da escola criar as condições que garantam essa habilidade.

Outra possibilidade pode estar relacionada ao fato de que o IAR foi planejado envolvendo níveis de dificuldades mais complexas em todas as áreas. Assim, os resultados explicam-se por ser um instrumento muito difícil. Neste caso, deve-se esclarecer que os chamados níveis de dificuldades mais complexas, envolvidas no IAR, foram selecionados dentre os chamados pré-requisitos para alfabetização e, certamente, o domínio dos mesmos aumentará a possibilidade de que o período de alfabetização ocorra como um processo contínuo e seguro. Análise dos itens do IAR demonstra que uma criança, que apresentar esse repertório, certamente não terá grandes dificuldades no período de alfabetização. Assim, mesmo considerando a dificuldade do instrumento, a solução mais honesta, para com a população, é a escola reorganizar-se, de modo a garantir essas habilidades básicas, o que certamente contribuirá para reduzir o nível de problemas nas séries iniciais.

Nos anos seguintes, o presente IAR foi utilizado por algumas escolas, somente após o período preparatório, visto que provavelmente os resultados do pré-teste não seriam diferentes dos observados em 1981. Tais dados têm sido úteis na reorganização de classes além de estabelecer critérios para decidir quais alunos devem ou não iniciar o período de alfabetização ou, ainda, continuar no desenvolvimento das habilidades básicas, consideradas como pré-requisitos. Além disso, a aplicação em massa de um instrumento desse tipo implica num gasto elevado, principalmente de papel, nem sempre compatível com as condições da escola pública.

Por outro lado, várias escolas particulares já têm utilizado o IAR na sua forma original, uma vez que são raros os instrumentos deste tipo à disposição dos educadores.

Finalmente, deve-se relatar que os resultados, observados na primeira grande aplicação do IAR, coincidem com os dados observados sobre o desempenho de crianças que demonstraram maior dificuldade no PROLESTE. Há uma parcela da população, que varia de seis a 10% entre as diversas escolas, que apresenta grande dificuldade de aprendizagem, mesmo trabalhando em classes selecionadas e seguindo os cuidados previstos no referido projeto. Essa porcentagem é menor que a dos alunos que demonstraram dificuldades no IAR, quando este foi utilizado como pós-teste (20%); mas os 10% restantes no PROLESTE apresentam, por sua vez, um ritmo de aprendizagem mais lento do que a média das crianças. É possível que parte desta população, que demonstrou dificuldades no período preparatório e um ritmo muito lento durante a alfabetização, apresente problemas tão significativos com relação às habilidades básicas, que as condições de ensino previstas na fase inicial do processo e no PROLESTE, ainda não foram adequadas visando à sua superação.

Foi esta hipótese que levou o autor a iniciar um trabalho mais sistemático, com uma população que apresentava essas características, cujo relato é apresentado no capítulo seguinte.

3

A EXPERIÊNCIA DE JUNDIAPEBA

O trabalho descrito no presente capítulo foi realizado por uma equipe formada além do autor, pelas seguintes educadoras: Akiko Miwa, Maria Aparecida Faria e Suely Augusta de Araujo Macedo Esteves, respectivamente, professora, coordenadora pedagógica e diretora da escola[9].

CARACTERIZAÇÃO DO PROBLEMA

A aplicação do IAR, após o período preparatório em 1981, conforme relatado no capítulo II, demonstrou que, embora mudanças expressivas tivessem ocorrido nos comportamentos considerados básicos para a alfabetização, uma porcentagem significativa das crianças continuava demonstrando dificuldades, principalmente nas áreas de discriminação auditiva e visual, análise/síntese e coordenação motora fina.

Tais resultados foram interpretados, não como sendo problemas das crianças, mas como indicadores de que as condições de ensino planejadas e desenvolvidas, durante o período prepa-

---

[9] Colaboraram também as seguintes psicólogas, na época quintanistas do curso de Psicologia da Universidade de Mogi das Cruzes: Olinda Yoshiko Miura, Sandra Maria Passarella, Maria José da Silva Néri de Souza, Juracy Pinheiro da Silva, Anatildes Paula Rangel, Solange Maria O. Fritsch e Nirce de Matos Fonseca.

ratório, não foram suficientes para essa população, no sentido de garantir o repertório esperado. A questão, portanto, configurou-se do ponto de vista fundamentalmente educacional, visto ser este o campo de ação dos educadores na escola.

Tal posição necessita de melhor esclarecimento, pois é comum justificar a ausência de repertório básico como se fosse problema do aluno. Geralmente o fato é explicado por fatores como QI baixo, falta de maturidade, subnutrição, problemas emocionais e outros, sendo raramente avaliada, a interação entre a escola, através de seus objetivos e práticas educacionais, e as condições da população atendida.

Mesmo supondo que alguns desses fatores pudessem ter alguma influência no processo de aprendizagem, estudos como os de Almeida, Patto, Gatti, Costa e Copit (1978)[10] e Moysés e Lima (1982)[11], já demonstravam que os mesmos não eram suficientes para explicar o fracasso escolar. Os dados disponíveis indicavam uma grande relação entre altos índices de reprovação e a baixa condição socioeconômica do aluno. Em outras palavras, isto sugere que a escola estava preparada para atender, basicamente, um tipo de população, segundo os padrões da classe média, que incluía crianças que já tinham desenvolvido, entre outras, as habilidades básicas para a alfabetização.

Entender, pois, a questão do ponto de vista educacional, significa, entre outras coisas, reconhecer a necessidade de replanejar os objetivos e práticas educacionais utilizados na escola, ou seja, rever e replanejar programas, procedimentos de aplicação e avaliação, etc., mais adaptados à população. Segundo autores como

---

[10] Almeida, R. M.; Gatti, B.; Patto, M. H. S. e Costa, M. L. Causas de retenção escolar na primeira série do ensino de primeiro grau: uma nova abordagem. Trabalho apresentado na 31ª Reunião da SBPC, Fortaleza, 1979.

[11] Moysés, M. A. A. e Lima, G. Z. Desnutrição e fracasso escolar: uma relação tão simples? Revista da Associação Nacional de Educação ANDE, 1982, 1 (5)

Ross (1977)[12], as chamadas crianças com problemas de aprendizagem, são referidas como sendo indivíduos cujo desempenho acadêmico foi prejudicado, por deficiências no desenvolvimento de habilidades básicas, sendo a questão essencialmente educacional, e não médica. Assim, os resultados do IAR, tendo em vista o referencial acima, indicaram a necessidade de se pesquisarem novos programas de ensino, para serem utilizados com crianças que haviam demonstrado desempenho pobre no IAR, aplicado após o período preparatório.

Neste sentido, decidiu-se realizar esse trabalho com um grupo de crianças em somente uma escola, pois tratava-se, nessa etapa, de planejar e avaliar novos instrumentos os quais posteriormente poderiam ser divulgados, não como uma proposta teórica, mas como o relato de uma experiência concreta.

DADOS SOBRE A POPULAÇÃO

Decidida a realização do trabalho, a tarefa seguinte foi proceder à escolha da escola e da classe. Para tanto, numa das reuniões das coordenadoras pedagógicas com a equipe de coordenação do PROLESTE, foi feita uma explicação da proposta e um convite aberto às escolas que já tinham uma classe de primeira série, formada por alunos que haviam demonstrado um desempenho pobre, durante o período preparatório e no IAR aplicado no final do mesmo.

Dentre as escolas dispostas a participar, uma delas foi escolhida por apresentar, nas funções de direção e coordenação pedagógica, pessoas de reconhecido envolvimento com os problemas educacionais e que demonstravam grande interesse na busca de novas soluções; além disso, essas educadoras já conhe-

---

[12] Ross, A. O. Learning disability: the unrealized potential. New York: McGraw-Hill, 1977.

ciam a forma de trabalho da equipe, pois ambas estavam engajadas no PROLESTE, praticamente desde o início de sua implantação. Outra razão da escolha foi que a professora da referida classe havia demonstrado grande interesse pela proposta, aceitando as mínimas condições que, no caso, seria seguir o planejamento elaborado por uma equipe, formada pelo autor e quintanistas do curso de Psicologia, da qual ela também seria membro.

Esta escola situa-se numa região do município de Mogi das Cruzes denominada Jundiapeba, que se caracterizava por uma população bastante pobre, sofrendo os efeitos das mais diversas necessidades, principalmente materiais. A maioria da população atendida era formada por crianças oriundas de famílias de nível socioeconômico baixo e moravam próximas da escola. Na época funcionava com quatro períodos, sendo que a classe, onde foi realizado o trabalho, reunia-se no segundo período, das 11h 30 min às 15h 30 min.

A referida classe era formada, no início do ano, por 23 crianças, sendo 16 do sexo masculino e com a seguinte distribuição de idades: 14 alunos com sete anos, seis com oito anos e três com 10 anos. Do grupo, somente seis eram repetentes. A professora possuía grande experiência no trabalho com primeiras séries; já havia atuado no PROLESTE e lecionava há mais de 10 anos naquela escola.

Durante o segundo semestre, houve quatro desistências e o ingresso de três novos alunos, de modo que o grupo chegou ao final do ano com 22 crianças.

Os primeiros contatos da equipe com a professora e as crianças ocorreram em meados do mês de abril e, até então, as seguintes situações já haviam ocorrido: na primeira semana de aula, as crianças haviam sido submetidas ao IAR cujos dados auxiliaram na organização das classes e na aplicação do período preparatório, conforme descrito no capítulo 2; após o período, houve a segunda aplicação do IAR cujos resultados permitiram decidir quais classes poderiam iniciar a alfabetização. Este procedimento foi implantado para todas as crianças, independentemente de serem repetentes ou não.

Na classe em questão, reuniram-se os alunos que demonstraram maior dificuldade no período preparatório e no IAR, sendo a única em que o período de alfabetização não foi iniciado.

DADOS SOBRE O DESEMPENHO DAS CRIANÇAS NO PERÍODO PREPARATÓRIO

A comparação dos resultados demonstrados por esses alunos, entre as aplicações do primeiro e do segundo IAR, permite inferir sobre os efeitos que o período preparatório teve nos seus repertórios.

A Figura 2 apresenta a porcentagem de alunos que tiveram 100% de acertos (*azul*), de 50 a 99% de acertos (*verde*) e de 0 a 49% de acertos (*vermelho*), em cinco das 13 áreas do IAR, exatamente aquelas de maior dificuldade para as quais foram planejados e aplicados novos programas, posteriormente. Interessa aqui comparar os dados da primeira e segunda aplicação, que na figura aparecem com os nomes de pré-teste e primeiro pós-teste, respectivamente, ou seja, o IAR aplicado no começo do ano e o IAR aplicado logo após o término do período preparatório. Os dados referem-se somente aos 23 alunos do projeto, ressalvando-se que nem todos estavam na mesma classe, durante o período preparatório.

Conforme se pode observar na figura, os comportamentos considerados praticamente permaneceram inalterados entre os dois IAR, apesar da aplicação do período preparatório durante um mês. As porcentagens de alunos, nas categorias vermelhas estão acima de 90%, nas quatro áreas básicas, nos dois IAR, exceto na área de "verbalização de palavras". Mesmo nesta, observa-se que cerca de apenas 20% dos alunos foram capazes de articular corretamente todos os sons da língua, ou seja, a habilidade medida na área. Pode-se concluir que o período preparatório, da forma como foi planejado e aplicado (descrito no capítulo 2), praticamente não teve efeito, sobre esses comportamentos considerados nessa população. Provavelmente as atividades desenvolvidas apresentaram um grau de dificuldade que exigia determinadas condições que, embora elementares, essas crianças ainda não apresentavam.

Com relação às demais áreas cujos resultados não aparecem na figura, o desempenho dos alunos foi melhor, embora alguns tenham demonstrado dificuldades nas áreas "forma", "posição", "lateralidade" e "tamanho", com predomínio da categoria verde (50 a 99% de acerto). Pelo menos quatro crianças apresentaram grande dificuldade em todas as áreas, na segunda aplicação do segundo IAR, o que provavelmente demonstra a necessidade, para elas, de uma condição de ensino onde a relação professor x número de alunos seja menor. Alguns autores, como Lent e Mclean (1976)[13], propõem nesses casos uma relação de um professor para cinco alunos.

A partir dos primeiros contatos com a classe, constituiu-se uma equipe de trabalho formada, além do autor, pela professora, a coordenadora pedagógica e sete quintanistas do curso de Psicologia da Universidade de Mogi das Cruzes, que passaram a reunir-se semanalmente, pelo período de uma a duas horas. Geralmente uma pessoa da escola ficava com a classe, enquanto a professora participava da reunião. Todas as decisões relaciona-

---

[13] Lent, J. R. e Mc Lean, B. N. The trainable retarded: the technology of teaching Em: N. G. Haring e R. L. Schiefelbusch (Orgs.) Teaching special children. New York: McGraw-Hill1976.

das ao trabalho, a partir de então, foram discutidas e decididas nesses encontros semanais, mesmo nas fases de planejamento, aplicação e avaliação.

A primeira etapa, desenvolvida pelo grupo, foi planejar os objetivos do trabalho. Tendo em vista os resultados do desempenho dos alunos, decidiu-se pelo planejamento, aplicação e avaliação de novos programas, nas áreas consideradas fundamentais e em que os alunos haviam demonstrado maior dificuldade: discriminação auditiva, discriminação visual (incluindo a habilidade de sequenciamento), análise/síntese, verbalização, motricidade fina (ou viso-motora) e grossa (ou global). Com relação às demais áreas, envolvendo principalmente conceitos verbais, decidiu-se que não seria necessário o planejamento de programas específicos, uma vez que a professora poderia desenvolver atividades com esse objetivo, contando com o apoio da equipe.

Assim, durante os meses de maio e junho, todo o esforço foi dirigido para o planejamento dos programas que de modo geral, envolveram as seguintes etapas: definição dos objetivos da área, identificação dos conteúdos envolvidos, organização dos conteúdos em pequenas unidades, planejamento dos procedimentos de aplicação e avaliação por unidade, além da confecção do material. Simultaneamente, a professora desenvolvia atividades com as crianças, relacionadas principalmente com os conceitos verbais, socialização, lazer dirigido, etc.

Os programas ficaram prontos no final do primeiro semestre, mas algumas revisões foram feitas no início do segundo semestre. Precisamente no dia 10 de agosto foi iniciada sua implantação e as reuniões semanais da equipe continuaram até o final do projeto.

Deve-se salientar o papel das quintanistas de Psicologia. Suas atividades contavam como horas de estágios para complementação do curso, porém a escolha dos cursos de estágios era optativa, ou seja, as estagiárias que participaram o fizeram por interesse acadêmico.

Durante a fase de planejamento dos programas, as estagiárias, além de participarem da reunião semanal da equipe, ainda realizavam uma visita semanal à classe com duração aproximada de uma hora. Assim, em todos os dias da semana havia pelo menos uma estagiária, durante um período, na classe. Nessa etapa inicial, o trabalho das estagiárias restringiu-se mais à observação da sala de aula, principalmente das relações professor x alunos e alunos x alunos. Essa atividade foi muito útil não só no sentido de identificar as relações grupais, como também no de fornecer subsídios às decisões que a equipe assumiu. Além disso, possibilitou em vários momentos discutir com o professor o seu próprio desempenho.

Esses dados de observação das estagiárias permitiram identificar algumas características das relações que se estabeleceram na classe. Por exemplo, os alunos demonstravam dificuldade em realizar uma tarefa coletiva, exigindo muita atenção individual da professora. Com isso, as atividades eram desenvolvidas quase isoladamente. Certamente, o ensino individualizado seria o ideal, mas nessa sala, com 23 crianças e somente uma professora, frequentemente criavam-se problemas, devido à dificuldade do professor fornecer instruções e *feedback* individualmente, além de manter entre os alunos uma relação amistosa, dada a constante competição entre eles, em função da atenção da professora.

Outro aspecto interessante observado foi que a falta de atenção na atividade (definida como interrupção do trabalho sem motivo aparente) era cinco vezes maior na segunda metade da aula do que na primeira. Por outro lado, com relação a comportamentos agressivos, sua média de frequência era baixa, concentrando-se nas duas ou três crianças maiores do grupo, o que às vezes causava problemas em sala. Entretanto, talvez o dado mais importante relacione-se à relação professora x aluno: sua atenção era muito disputada pelas crianças e sua postura, embora enérgica em alguns momentos, demonstrava ser bastante afetiva, fato que era demonstrado pelos próprios alunos.

Sempre que necessário essas relações eram discutidas na equipe, por solicitação da professora ou das estagiárias e, nesses momentos, os dados de observação eram muito úteis.

Durante a aplicação dos programas, as estagiárias participaram diretamente das atividades de sala, auxiliando a professora, principalmente nas funções de orientar e fornecer *feedback* às crianças.

OS FUNDAMENTOS DOS PROGRAMAS UTILIZADOS

Os programas planejados e desenvolvidos neste projeto basearam-se nos princípios da Instrução Programada e do Ensino Individualizado, desenvolvidos por vários autores entre os quais Mechner (1965)[14], Keller (1968)[15] e Popham e Baker (1978)[16 17].

O planejamento de programas, segundo esses princípios, pode ser realizado de acordo com as seguintes etapas:

---

[14] Mechner, F. Science education and behavioral technology. Em: R. Glaser (Org.) Teaching machines and programed learning. Washington: National Educational Association, 1965.

15 Keller, F. S. Good-bye teacher. Journal of Applied Behavior Analysis, 1968, /. 78-89.

16 Popham, W. J. e Baker, E. L Como estabelecer metas de ensino. Porto Alegre: Globo, 1978.

17 Popham, W. J. e Baker, E. L. Como planejar a sequência de ensino. Porto Alegre: Globo, 1978.

A) Delimitação dos pré-requisitos e avaliação do repertório de entrada da população:

Delimitar os pré-requisitos significa especificar quais os comportamentos que o indivíduo já deve apresentar (seja no nível de conhecimento teórico, habilidades, conceitos, etc.), exigidos pelo próprio programa, sem os quais não conseguirá cumpri-lo. Tais comportamentos pré-requisitos podem ser delimitados através da análise do próprio objetivo e conteúdos que serão desenvolvidos durante o programa. No caso da alfabetização, por exemplo, a questão colocada para a determinação dos pré-requisitos é: quais os comportamentos que a criança deve apresentar para poder iniciar a aprendizagem da leitura e escrita.

A delimitação dos pré-requisitos possibilitará a confecção de instrumentos (observação, provas escritas ou práticas, etc.) com o objetivo de avaliar se a população apresenta ou não as referidas habilidades. O próprio IAR, apresentado e discutido no Capítulo 2, é um exemplo de instrumento deste tipo na área de alfabetização. Uma vez aplicado, os dados dessa avaliação possibilitarão ao educador subsídios para as decisões relacionadas com o início do programa a ser planejado. Por exemplo, se os alunos não apresentam determinados pré-requisitos, o professor pode decidir que o seu programa será iniciado exatamente por tais conteúdos, e não por aqueles com os quais gostaria de iniciar. Assim, a importância da avaliação do repertório de entrada é possibilitar ao educador decidir por onde o programa deverá iniciar.

Na prática, tais medidas tornam-se difíceis pois surgem dificuldades concretas, geralmente burocráticas, que dificultam sua consecução. Mas reafirma-se a necessidade de que as decisões com relação ao início do programa sejam assumidas após os contatos iniciais com a população. Por outro lado, tal processo pode ser bastante facilitado nas escolas em que há coordenação pedagógica, através da organização do trabalho coletivo, onde todos participam do planejamento e do enfrentamento dos problemas, o que se configura como condição essencial para o desenvolvimento do projeto pedagógico da escola.

B) Definição dos objetivos terminais do programa:

Definir os objetivos terminais do programa significa especificar quais comportamentos o aluno deverá demonstrar no final do mesmo.

Há dois aspectos importantes, relacionados com essa proposição: primeiro é que os objetivos devem ser descritos em termos de desempenhos observáveis. Tal medida, além de garantir clareza do que se pretende, possibilita uma especificação das intenções e propósitos do educador, geralmente implícitos quando os objetivos não estão definidos claramente. Além disto, tal medida possibilita parâmetros para a escolha dos procedimentos de aplicação e principalmente de avaliação, o que garantirá critérios claros e honestos que avaliem se os objetivos foram ou não atingidos.

O outro aspecto relacionado com a questão dos objetivos terminais é quanto à sua relevância, ou seja, sua importância para a vida do aluno. O fato de um objetivo terminal ser descrito em termos de desempenhos observáveis não significa, necessariamente, que os mesmos sejam relevantes, pois tal questão situa-se no terreno dos valores, dos objetivos da própria Educação, enfim, da própria ideologia subjacente à ação educacional. Toda decisão sobre que objetivos ensinar, em última instância é uma escolha de valores, pois implica um juízo por parte de quem os escolhe.

É necessário, portanto, que o educador esteja muito consciente dessa relação, caso contrário sua ação educacional poderá ser caracterizada como inconsequente e alienada.

Assim, clareza e relevância são "os dois lados da mesma moeda" relacionados com a questão da definição dos objetivos educacionais.

C) Levantamento dos conteúdos do programa:

Uma vez decidido o objetivo inicial do programa, os conteúdos corresponderão aos comportamentos (conceitos, habilidades, etc.) a serem desenvolvidos, numa determinada sequência, em direção ao objetivo terminal do programa. Portanto, a identificação desses conteúdos só poderá ser feita, através da análise pormenorizada do próprio objetivo terminal, ou seja, da especificação de todos os comportamentos envolvidos no objetivo terminal.

Tal análise é realizada através da resposta a algumas perguntas, como: quais os comportamentos envolvidos no objetivo terminal ou quais os fatores que determinam os diferentes graus de complexidade, implicados no objetivo terminal?

Esta talvez seja a etapa mais importante do planejamento de programas, pois vai depender basicamente da habilidade de análise de quem está programando, ou seja, da habilidade de identificar todos os comportamentos envolvidos no objetivo terminal.

Uma vez que a maioria dos professores não foi preparada para realizar identificação de conteúdos, o que se observa tradicionalmente é a tendência à reprodução de conteúdos especificados geralmente pelos livros didáticos ou antigos programas existentes, geralmente à disposição na escola. É também prática comum, o professor apresentar um programa oficial por escrito, frequentemente cópia de algum outro. Mas seguir conteúdos escolhidos, sem muito critério, poderá dificultar sobremaneira o processo de aprendizagem do aluno.

d) Divisão dos conteúdos em pequenas unidades:

A divisão dos conteúdos em pequenas unidades torna-se necessária, dada a impossibilidade de apresentar todo o conteúdo de uma só vez, exceto nos casos de programas muito curtos. Entretanto, tal organização não pode ser aleatória e alguns critérios devem ser levados em consideração. O primeiro deles é que, na medida do possível, cada unidade deve envolver uma quantidade mínima de novos conteúdos. Isto implica que tenha sido realizado um levantamento de conteúdos, onde foram identificados todos os fatores que determinam os graus de complexidade envolvidos. O ideal seria cada unidade envolver conteúdos que implicassem no aumento de somente um dos fatores determinantes do grau de complexidade. Poder-se-ia argumentar que um programa assim planejado seria longo; no entanto deve-se salientar que tal medida tornaria o processo de aprendizagem muito mais simples e fácil para o aluno. Sabe-se que uma das causas que tornam um programa difícil é o fato de se exigirem, na mesma unidade, muitos conteúdos novos, dificultando a aprendizagem e podendo até torná-la aversiva, para o aluno. Além disso, um sequenciamento bem dosado de conteúdos implica num ritmo mais rápido de aprendizagem, por parte do aluno.

Um segundo critério para divisão em unidades deve ser a sequência lógica a ser seguida, determinada pela organização do conhecimento na área envolvida. Quando tal critério é seguido na organização dos conteúdos, facilita-se o processo de aprendizagem pelo aluno.

Finalmente, uma divisão adequada de conteúdos em unidades deve propiciar constantes retornos aos conteúdos já dominados, principalmente naqueles programas onde o encadeamento é mais notável, em que um novo comportamento é condição para o seguinte.

Apesar de esses critérios parecerem aparentemente óbvios, o fato é que, frequentemente, observam-se programas desenvolvidos, sem levá-los em consideração. Novamente o que se constata é que as unidades sugeridas geralmente são retiradas de livros didáticos, sendo que tais sequências nem sempre são as mais adequadas, o que dificulta a aprendizagem para o aluno. Um exemplo típico é o do ensino tradicional da Matemática: na medida em que as unidades envolvam muitas habilidades novas, sem uma sequência adequada, a aprendizagem torna-se muito difícil, o que talvez venha contribuir com a visão da Matemática como um "bicho de sete cabeças".

Em síntese, após essa etapa, o educador deverá ter definido o seu objetivo inicial, o objetivo terminal e a sequência das unidades. Restam agora, as questões relacionadas ao como ensinar.

E) Escolha dos procedimentos de aplicação:

Somente nesta etapa, o educador estará em condições de decidir sobre os procedimentos de aplicação, ou seja, que atividades deverá implementar para atingir os objetivos em cada unidade do programa. Inicialmente, em cada unidade devem ser escolhidas atividades com o objetivo de apresentar aos alunos o novo conteúdo, seguindo-se posteriormente atividades que possibilitam aos mesmos exercitar essas novas habilidades. Por exemplo: o procedimento básico utilizado no PROLESTE em cada unidade prevê, inicialmente, atividades que levam o aluno a identificar a nova família silábica ou tipo de dificuldade apresentada, seguindo-se atividades que levem o aluno a utilizar os novos conceitos, combinando-os com os já dominados anteriormente.

Independentemente da função para a qual é escolhida, pelo menos dois critérios devem nortear essa seleção: o primeiro é que a atividade escolhida deve propiciar ao aluno, na medida do possível, a emissão do comportamento que se quer ensinar, ou seja, deve haver uma coerência entre o previsto na atividade com o objetivo em função do qual ela foi escolhida. Por exemplo, se num dado momento do programa o objetivo da unidade é habilitar o aluno a verbalizar palavras que se iniciam por determinados sons, devem-se escolher atividades que possibilitem ao aluno verbalizar, e não somente ficar olhando e ouvindo o professor verbalizar. Embora tal critério pareça óbvio, é frequente observar a utilização de uma atividade que prevê determinada habilidade, porém totalmente incoerente com o objetivo que se pretende no momento. Um exemplo é a atividade de cópia, que garante basicamente habilidade de reprodução mecânica, mas que é frequentemente utilizada com outra função.

O segundo cuidado na escolha das atividades é que em todas elas devem-se distinguir três elementos:

1) a instrução que o professor deve fornecer de forma clara, de tal modo que o aluno entenda o que é esperado dele;

2) o comportamento que o aluno deve emitir, o qual deve ser previsto pelo professor na instrução;

3) o *feedback* fornecido pelo professor, através de incentivos, elogios, dicas, correções, etc. Geralmente a ausência de um desses elementos ou sua inadequação, poderá comprometer toda a atividade. Um destaque deve ser dado ao *feedback*, o qual deve ser fornecido sempre de forma encorajadora e nunca em termos depreciativos ou ameaçadores, que tantos problemas têm gerado, principalmente para as crianças em nossas escolas.

F) Escolha dos procedimentos de avaliação:

A questão da escolha dos procedimentos de avaliação tem sido um dos grandes problemas em todos os níveis de ensino.

Tradicionalmente, os pressupostos subjacentes à avaliação têm sido os seguintes: se o aluno aprendeu, é porque o professor conseguiu ensinar, mas, se o aluno não aprendeu, é porque ele (aluno) não tem condições. Deve-se convir que essa relação é injusta, visto que distribui inadequadamente a responsabilidade pelo sucesso ou fracasso de aprendizagem. A proposta coerente com os princípios aqui delineados é que a avaliação, principalmente com crianças, é um instrumento com duas funções básicas: primeiro, fornecer ao professor *feedback* sobre as condições de ensino que ele programou, ou seja, se os alunos não aprenderam, é porque as condições estabelecidas não foram adequadas às características da população e, portanto devem ser revistas. A segunda função é ser indicador do momento em que o professor deve progredir no programa para a próxima unidade: na medida em que o programa apresenta objetivos bem definidos, conteúdos organizados em pequenas unidades, numa sequência onde as anteriores são condições para as posteriores, a avaliação deve ser uma atividade constante, em cada unidade e o avanço dos alunos deve ser função dos resultados observados. Assim, nas condições propostas, ou a aprendizagem ocorreu, ou não ocorreu, pois se o aluno tem dúvida, é sinal que ainda não aprendeu adequadamente.

Embora tal proposta possa parecer lógica, não é o que acontece como prática corrente na escola. Geralmente os alunos progridem de uma unidade para outra sem um sistema de avaliação constante, o que significa a ausência de um sistema de controle de aprendizagem. Assim, a aprendizagem pode não ocorrer ou ocorrer inadequadamente e o aluno acaba "carregando os erros" para as etapas seguintes, num processo semelhante ao da "bola de neve" que vai crescendo. Isto acontece porque a aprendizagem não ocorreu adequadamente, no momento em que deveria ocorrer, e não houve um controle de aprendizagem que garantisse o sucesso do processo de ensino-aprendizagem.

DESCRIÇÃO GERAL DOS PROGRAMAS

Conforme já descrito, os programas planejados envolveram as áreas de discriminação auditiva, discriminação visual, análise/síntese, comportamento verbal, motricidade fina (ou viso-motora) e motricidade grossa (ou global)[18].

Discriminação auditiva

Objetivo terminal: esperava-se que no final deste programa os alunos fossem capazes de identificar e verbalizar palavras com sons iniciais e terminais, iguais e diferentes.

Divisão das unidades e procedimentos:

Unidade I: nesta unidade esperava-se que a criança fosse capaz de verbalizar todos os sons da língua. Neste sentido, foram utilizadas as palavras da área XI do IAR (verbalização de palavras) que abrangem a maioria dos sons da língua. A professora deveria verbalizar as palavras e as crianças deveriam repeti-las; em caso de dificuldade, o modelo deveria ser reapresentado e atenção maior deveria ser dada a essas crianças. O critério de avaliação era que o aluno fosse capaz de verbalizar todos os sons, numa apresentação no final da lista. Caso houvesse ainda dificuldades, a professora registrava numa folha e levava para discutir na reunião semanal da equipe.

As crianças com dificuldade passaram para a unidade seguinte, mas foram submetidas a atividades extras com as estagiárias, em sessões diárias de curta duração (= 15 minutos), onde suas dificuldades específicas eram trabalhadas.

---

[18] O leitor encontrará no próximo capítulo uma descrição detalhada de propostas de programas em cada uma dessas áreas. Por essa razão, no presente item será apresentada a descrição geral dos programas utilizados bem como algumas informações fundamentais.

Unidade II: o objetivo desta unidade era que as crianças fossem capazes de reconhecer sons do meio ambiente. Para tanto, foi utilizado um gravador com uma fita que apresentava sons comuns, como sons de animais, meios de locomoção, instrumentos musicais, etc. Além disso, a professora poderia explorar sons da própria sala. À medida que cada um ia sendo apresentado, as crianças deveriam verbalizar o nome da respectiva fonte sonora. A professora deveria estar atenta às crianças que não participassem e, neste caso, chamá-las individualmente. Se as crianças errassem, a professora deveria dar a resposta. Como avaliação, deveria ser apresentada para cada criança uma série aleatória de quatro a cinco sons e um critério de acertos de 100%. Essa avaliação foi conduzida quando a professora observou que os alunos não estavam mais errando durante os procedimentos.

Unidade III: objetivo aqui era que as crianças fossem capazes de reconhecer os sons de duplas de vogais, iguais e diferentes. A professora deveria verbalizar dupla de vogais, ora iguais, ora diferentes e as crianças deveriam indicar as iguais e as diferentes. Obviamente, garantiu-se que as crianças já dominassem os conceitos de igual e diferente. As que apresentavam dificuldades, recebiam mais atenção. Para avaliação, a professora deveria apresentar uma série de quatro ou cinco duplas de vogais para cada criança e o critério esperado era de 100%, caso contrário retomava-se o procedimento.

Unidade IV: basicamente semelhante à Unidade III, com a única diferença de que as duplas eram de sílabas, e não vogais. Assim, a professora verbalizava duas sílabas, ora iguais, ora diferentes, tomando-se o cuidado de nunca apresentar sílabas com sons semelhantes, como o caso de [f] [v], [t] [d], etc.

Unidade V: também semelhante às duas unidades anteriores, com a diferença de que a professora deveria apresentar duplas de sílabas, ora iguais, ora diferentes, sendo neste último caso, somente sílabas de sons semelhantes. Os seguintes tipos de sons foram abordados: [f] [v], [t] [d], [p] [b], [m] [n], [g] [c], [x] [z], [x] [j], [s] [z]. Como critério, cada aluno deveria identificar pelo menos uma dupla de cada tipo.

Unidade VI: nesta unidade as crianças deveriam identificar figuras cujas palavras apresentavam sons iniciais iguais. As figuras eram recortadas e coladas em quadrados de cartolina; a professora deveria apresentar uma figura como modelo e, em seguida mais duas figuras. Os alunos deveriam identificar qual destas apresentavam som inicial igual ao do modelo. Posteriormente, a professora passou a apresentar um modelo e três figuras. Como avaliação, a professora deveria apresentar dois ou três exercícios individualmente e o critério era de 100% de acerto.

Unidade VII: o objetivo desta unidade era semelhante ao da Unidade VI, sendo que os exercícios eram agora impressos, ao invés de serem apresentados isoladamente. Inicialmente, havia exercícios com modelo e, posteriormente, sem modelo, onde a criança deveria decidir quais os dois estímulos que apresentavam palavras com sons semelhantes. O critério agora era 100% de acerto na própria atividade e, no caso de erro, a professora deveria dizer que havia erro, instigar para que a criança o identificasse, e fornecer nova folha.

Unidade VIII: o objetivo da unidade era que as crianças fossem capazes de identificar palavras que terminassem por sons iguais ou diferentes. O procedimento era semelhante ao da unidade anterior, com tiras de desenho impressos com e, posteriormente, sem modelo. O mesmo critério de 100% foi utilizado.

Observações sobre este programa: vale registrar que o planejamento inicial não incluiu as unidades III, IV, V e VI, indo do procedimento do gravador para a unidade VII, que no primeiro programa era a terceira. Quando esta foi aplicada, as crianças demonstraram grande dificuldade, o que significou que o programa "dava um salto" muito grande entre as duas unidades. Replanejou-se, então, a sequência, no sentido de identificar quais unidades intermediárias poderiam ser incluídas, chegando-se posteriormente, à presente forma final, com sucesso.

Deve-se ressaltar que, em todas as unidades, assim como nos demais programas, a professora, ao iniciar a unidade ou dar outro tipo de atividade, começava por um período de instruções, onde alguns exercícios eram feitos como modelo, juntamente com as crianças.

Discriminação visual

Objetivo terminal: esperava-se que no final deste programa as crianças fossem capazes de identificar letras, sílabas e palavras escritas, iguais e diferentes.

Unidade I: o objetivo era que as crianças fossem capazes de identificar figuras de estímulos conhecidos, iguais ou diferentes. Apresentavam-se sequências de três ou quatro estímulos, cujas diferenças iam gradativamente tornando-se mais sutis, até restringirem-se a pequenos detalhes.

Unidade II: com o mesmo objetivo da unidade anterior, com a diferença que os estímulos utilizados restringiam-se a figuras geométricas, de início mais simples e, posteriormente, mais complexas.

Unidade III: idem às unidades anteriores, exceto que os estímulos correspondiam a letras e algarismos. Neste caso, pareavam-se estímulos de formas semelhantes, como o m/n, M/N, u/n, b/d, p/q, a/o, etc.

Unidade IV: idem às unidades anteriores, com conteúdo restrito a sílabas.

Unidade V: nesta unidade, apresentavam-se palavras, devendo as crianças identificarem as iguais e diferentes.

Unidade VI: nesta unidade, introduziu-se uma série de sequências que tinham como objetivo habilitar o aluno a identificar a regra lógica na ordenação dos estímulos. Estes eram geométricos e caberia à criança identificar qual deveria ser o próximo estímulo que se seguiria ao último da sequência. Semelhante atividade encontra-se em Poppovic e equipe (1977)[19].

Procedimento: o procedimento utilizado em todas as unidades deste programa foi semelhante. A professora, no início de nova unidade ou de um novo tipo de exercício, dava instruções e resolvia alguns modelos com as crianças. Em seguida, fornecia material impresso e a criança deveria acertar 100% os exercícios da folha; caso contrário, a professora deveria indicar a existência do erro, pedir para a criança identificar e repetir a mesma folha. Assim o critério era de 100% de acerto em todas folhas.

Análise/síntese

Objetivo terminal: esperava-se que no final deste programa as crianças fossem capazes de, dada uma palavra, identificar suas partes componentes (letras e sílabas) e dadas sílabas ou letras, identificar a palavra formada pelas mesmas.

Unidade I: o objetivo desta unidade era habilitar a criança a verbalizar palavras, dividindo-as em sílabas, ou seja, verbalizar palavras com intervalos de tempo entre as sílabas. A professora deveria verbalizar a palavra corretamente, posteriormente, batendo palmas e depois, dividindo em sílabas. A criança deveria imitar corretamente, até que a professora verbalizasse as palavras normalmente e a criança logo após as dividisse em sílabas. Como avaliação, cada criança deveria individualmente acertar 100% de cinco palavras apresentadas.

---

[19] Poppovic, A. M.; Esposito, Y. L.; Grosbaum, M. W.; Rosenberg, L. e Franco, M. L. P. M. Programa Alfa Um. Introdução 2. São Paulo: Abril Educação, 1977.

Unidade II: dado um desenho, a criança deveria recortar suas partes componentes e posteriormente recompô-lo. Inicialmente a professora deveria fornecer o modelo correto, recortando e colando-o. Em seguida, havia uma série de desenhos para as crianças fazerem. O último desenho era considerado como avaliação: se os alunos realizassem corretamente, progrediriam para a próxima unidade; caso contrário, retornavam às atividades.

Unidade III: o objetivo desta unidade era que as crianças fossem capazes de, dados estímulos conhecidos como modelo, indicar as partes que o compõem e vice-versa; dadas as partes, indicar o modelo correspondente. Os exercícios eram impressos, sendo os primeiros utilizados como modelo. As crianças deveriam acertar 100% os exercícios de uma folha para passarem para a seguinte. Caso contrário, deveriam identificar o erro e refazer a mesma folha.

Unidade IV: semelhante à unidade anterior, exceto que os estímulos utilizados eram geométricos.

Unidade V: também semelhante às unidades anteriores, exceto que os estímulos utilizados correspondiam às sílabas e suas letras componentes.

Unidade VI: semelhante à anterior, sendo que os estímulos utilizados eram palavras e suas sílabas componentes. O procedimento descrito na Unidade III continuou sendo basicamente utilizado.

Comportamento verbal

Objetivo terminal: esperava-se, nesta área, realizar atividades com o objetivo de desenvolver as habilidades verbais de descrever, relatar e reproduzir, além de elaborar histórias.

Unidade I: tinha como objetivo habilitar as crianças a descreverem cenas apresentadas através de gravuras. O professor apresentava a gravura e solicitava para as crianças descreverem o que viam. Quando as mesmas não percebiam as partes importantes ou detalhes, a professora induzia a resposta da criança, apontando ou perguntando diretamente. Utilizou-se como critério, embora não rigoroso, que todos os aspectos importantes da figura fossem verbalizados pelas crianças. Além disso, todas deveriam participar. Utilizou-se, portanto, um critério grupal e não individual, dada a dificuldade de aplicação do mesmo.

Unidade II: o objetivo nesta unidade era habilitar as crianças a descreverem figuras isoladas, quer sejam apresentadas graficamente, como o desenho do corpo, quer sejam apresentadas "ao vivo", como animais, vegetais, etc. O mesmo procedimento e critério da unidade anterior foram utilizados, isto é, a professora induzia respostas, quando os alunos não percebiam detalhes. Várias sessões foram realizadas no pátio da escola, onde foram descritas árvores, carros, etc.

Unidade III: nesta unidade, o objetivo era habilitar as crianças a relatarem fatos de vida cotidiana, enfatizando a questão da sequência temporal das mesmas. O professor solicitava que as crianças relatassem fatos em que estivessem envolvidas, tais como: "o que eu fiz domingo", "o que eu faço antes de ir à escola", etc. A primeira sessão desta unidade foi iniciada com a professora relatando como foi o seu dia até chegar à escola, ou seja, dando um modelo. Depois, solicitou que as crianças contassem o seu dia. À medida que relatavam, a professora preocupava-se em fornecer *feedback* e corrigir principalmente os relatos inadequados, com relação à sequência temporal dos fatos. Considerou-se, como critério, que cada criança deveria contar uma sequência de fatos, sem cometer erros quanto à temporalidade.

Unidade IV: o objetivo aqui era habilitar a criança a, dadas várias cenas de uma mesma história, em ordem alternada, reorganizá-las de acordo com o enredo envolvido. O professor iniciou apresentando figuras isoladas de histórias em quadrinhos, que não envolviam falas de personagens, e as crianças deveriam colocar os quadrinhos em ordem. O grau de dificuldade envolvido era o número de quadrinhos da história, que iam sendo ampliados de sessão para sessão, desde que as crianças conseguissem resolver adequadamente. O critério, portanto, era grupal, ou seja, as crianças deveriam reorganizar corretamente a história e relatá-la.

Algumas observações sobre este programa: havia mais duas unidades, que envolviam "reprodução da história" e "elaboração e dramatização de história" que não puderam ser desenvolvidas por falta de tempo. Assim o programa foi aplicado até a unidade IV.

Um dos aspectos mais importantes deste programa foi o papel do professor como elemento animador do grupo, indutor de respostas e consequenciador dos comportamentos. Colocada a proposta para o grupo, cabia ao professor estimular as crianças a iniciarem a fala, além de manter o clima de motivação. Este, por sua vez, era função da consequência que o professor fornecia, de início, às pequenas participações das crianças e, posteriormente, às verbalizações mais longas, corrigindo-as, quando necessário.

Outro fato que deve ser destacado é que, principalmente nos relatos de fatos cotidianos, as crianças descrevem assuntos relacionados com suas vidas. Com este grupo de crianças, eram frequentes fatos envolvendo cenas de sangue, brigas, violência, etc. refletindo a realidade do seu próprio dia a dia.

Coordenação motora fina

Objetivo terminal: no final deste programa, as crianças deveriam ser capazes de reproduzir os traçados envolvidos na escrita das letras.

O programa consistia de vinte e cinco unidades, numa ordem crescente de dificuldades que se iniciava pelo traçado da reta até o traçado de algumas letras complexas. Em cada unidade, o professor apresentava o modelo na lousa, demonstrando o movimento envolvido, sendo que as crianças deveriam acompanhar, realizando o movimento "no ar". Em seguida passavam à folha impressa que apresentava várias linhas do mesmo movimento: o modelo era gradualmente retirado (utilizando-se linha pontilhada) de uma linha para outra. A professora, a partir daí, permanecia dando *feedback* e auxiliando os alunos com mais dificuldades. Nestes casos, atividades extras eram realizadas, como fazer a tarefa na lousa e, para três crianças, folhas especiais foram reprogramadas, sem a retirada do modelo. O critério de avaliação era que a criança realizasse uma linha sem erros, ou seja, sem desviar-se da linha guia e reproduzindo basicamente a estrutura do modelo.

Coordenação motora grossa

Objetivo terminal: este programa constava de uma série de exercícios motores com o objetivo de habilitar as crianças a realizarem harmoniosamente movimentos simples, envolvendo braços, pernas, tronco e cabeça.

Os conteúdos não foram divididos em unidades, uma vez que as sessões eram realizadas no pátio, sendo programados vários movimentos, durante uma mesma sessão. Porém, durante a sessão, geralmente era seguida uma sequência de movimentos, dos mais simples, como andar em linha reta, até os mais complexos, como pular com um pé só, arremessar objeto ao alvo, etc. Assim, não foram estabelecidos critérios mínimos de desempenho, visto que movimentos motores podem ser constantemente aprimorados pela oportunidade do exercício. Além disso, o estabelecimento de critérios foi desnecessário visto que não havia crianças com grandes dificuldades motoras e a introdução do programa teve mais um sentido de aprimoramento e de motivação.

Duração das sessões e organização do horário

Todos os programas foram implantados simultaneamente e o período de aula foi dividido em etapas de 30 minutos. O seguinte horário foi seguido, na medida do possível:

1º período: 30 min – atividades de análise/síntese.
30 min – atividades de discriminação visual, alternadas diariamente com discriminação auditiva.
30 min – atividades de coordenação motora grossa.
Recreio e merenda.

2º período: 30 min – atividades de coordenação motora fina.
30 min ou mais – atividades de comportamento verbal e lazer.

Dois critérios foram sugeridos nesta divisão: primeiro concentrarem-se atividades que exigem mais atenção, no 1º período; segundo, que as duas atividades de final do período fossem mais leves. Assim, a professora desenvolvia as atividades da área durante somente 30 minutos e, na próxima sessão, retomava de onde havia parado.

Os programas terminaram no fim do mês de novembro, sendo que na primeira semana de dezembro, o IAR foi aplicado em cada criança, apenas nas áreas correspondentes aos programas aplicados: discriminação visual, auditiva, verbalização, análise/síntese, coordenação motora. Os mesmos cuidados das duas aplicações anteriores foram tomados.

Folhas de registro

Os dados do desempenho dos alunos foram coletados através de três fontes. A primeira diz respeito aos resultados do IAR aplicado no início do ano, após o período preparatório, e no final do ano. A segunda relaciona-se aos programas em que eram utilizadas folhas impressas: discriminação visual, auditiva (parcial), análise/síntese, coordenação motora fina, que possibilitaram uma análise qualitativa desses itens.

A terceira fonte era através da folha de registro, que a professora mantinha em todas as áreas, exceto verbalização e coordenação motora grossa, cujos critérios eram grupais. Para cada programa, na folha de resposta eram registradas informações relacionadas com o desempenho individual de cada aluno: a folha da unidade em que o aluno estava e se ele passou na primeira tentativa ou não.

Tais dados eram mantidos sempre em dia e o desempenho das crianças era discutido nas reuniões semanais da equipe.

Por exemplo, foi através desse acompanhamento que se detectou a dificuldade que muitas crianças demonstraram na unidade III do programa original de discriminação auditiva, o que levou a equipe a reorganizá-lo completamente. Além disso, sempre que uma criança ou grupo começava a apresentar alguma dificuldade, era possível reforçar o trabalho com a presença mais constante do estagiário.

Os comportamentos sociais inadequados

As interações sociais entre professora e alunos, que eram constantes durante o primeiro semestre, intensificaram-se mais ainda, pois todos os programas previam o *feedback*, por parte da professora, após cada atividade realizada pelos alunos.

Apesar disto, a equipe esteve sempre atenta a quaisquer indícios de comportamentos sociais inadequados, visto que algumas crianças maiores já haviam demonstrado comportamentos de agressão aos menores.

Após algumas semanas do início dos programas, começaram a reaparecer alguns comportamentos agressivos (maior bate no colega sem motivo aparente, interrompendo a atividade) com efeitos considerados inadequados, como, por exemplo, a criança não mais querer participar das atividades.

Ao lado dessa questão, sentiu-se também a necessidade de desenvolver algumas habilidades, tais como esperar sua vez para ser atendido, não solicitar a professora sem necessidade, etc. Visto que a professora deveria agora dar *feedback* para todos os alunos, era necessário que estes aprendessem a esperar sua vez, sem perturbar e interromper o colega que estava trabalhando.

Neste sentido, decidiu-se introduzir alguns procedimentos, inspirados em propostas de Osborne (1969)[20] e Neill (1960)[21]. Na primeira etapa, a professora começou a realizar, nos 20 minutos finais de aula, a reunião de todos, quando solicitava que as crianças falassem sobre as coisas boas e ruins que elas sentiam na sala de aula. De início, a participação foi baixa, mas melhorou na segunda reunião. Um dos argumentos verbalizados, entre outros, foi que "era ruim quando os alunos maiores batiam nos menores, quando havia muito barulho", etc. Desse processo resultou a aceitação da proposta da professora: todos os dias haveria, no final da aula, um tempo livre ("hora de brincadeira"), em que os alunos poderiam fazer o que eles haviam decidido no início da

---

[20] Osborne, J. G. Free-time as a reinforcer in the management of classroom behavior. Journal of Applied Behaviour-Analysis, 1969, 2, 113.

[21] Neill, A. S. Summerhill: uma abordagem radical de educação de crianças. Em: W. C. Morse e G. M. Wingo Leituras de Psicologia Educacional. São Paulo: Nacional, 1968.

aula ou no dia anterior. A única condição era que quem batesse no outro ou atrapalhasse o trabalho dos colegas perderia o direito de participar das brincadeiras.

Tal procedimento foi aplicado com muito sucesso, pois somente um aluno, no primeiro dia de aplicação, perdeu o direito e ficou apenas observando os colegas brincarem.

A partir daí não houve mais problemas de comportamentos sociais, sendo que o procedimento de tempo livre, aos poucos, passou a ser aplicado intermitentemente.

O arranjo físico da sala

Uma das alterações implantadas na sala foi o rearranjo das condições físicas. A intenção era criar um ambiente que atendesse a dois tipos de situações: o trabalho grupal de todos os alunos com a professora e o trabalho individual.

Assim a sala de aula foi arranjada segundo o esquema abaixo:

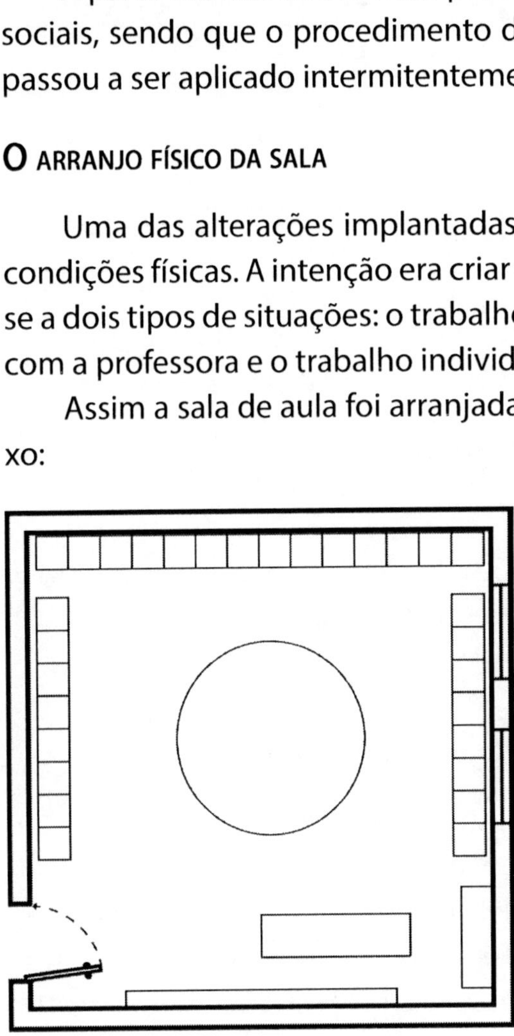

O círculo central era o espaço onde o grupo, sempre que necessário, se reunia. Foi feito um círculo no chão, a exemplo da proposta de Montessori (1965)[22] cujo o objetivo era que ele fosse discriminado como o lugar de trabalho. Todas as instruções e atividades grupais de sala eram realizadas no círculo com todos senta-

[22] Montessori, M. Pedagogia científica. São Paulo: Flamboyant, 1965.

dos no chão, sobre um plástico. As crianças iam para as carteiras quando deveriam realizar trabalho individual, principalmente com folhas impressas.

No mês de outubro, houve novo rearranjo de sala de aula, no sentido de facilitar o trabalho de *feedback* da professora, pois no arranjo acima, para cada *feedback* a professora andava muito.

Uma nova distribuição foi feita e a sala ficou disposta de acordo com o seguinte esquema, semelhante ao utilizado no PROLESTE.

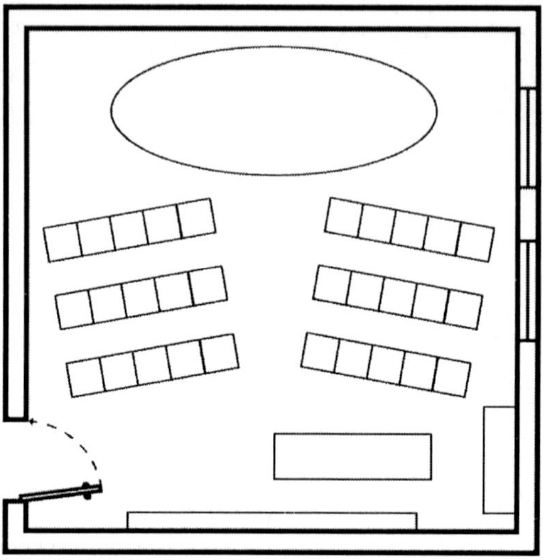

Desta forma a professora passou a atender muito mais crianças, num mesmo lugar, o que possibilitou maior controle da situação.

Merece destaque a reação de uma criança ao ver a nova sala, demonstrando a "imagem" que já possuía de uma sala de aula: "oba, agora nós vamos aprender..."

RESULTADOS E DISCUSSÃO

Os resultados apresentados neste item foram divididos em três categorias, de acordo com a natureza dos dados, visando facilitar a compreensão: a) os dados oriundos das aplicações do IAR; b) os dados do desempenho dos alunos durante o programa; c) dados do desempenho das crianças no ano seguinte, durante a fase de alfabetização propriamente dita.

Dados das aplicações do IAR

Deve-se relembrar que o IAR foi aplicado em três momentos distintos: no início do ano escolar, após o período preparatório e no final do ano, após a aplicação dos programas descritos anteriormente.

A Figura 2 apresenta as porcentagens dos alunos nas três categorias consideradas (azul: 100% de acertos – verde: 50 a 99% de acertos – vermelho: 0 a 49% de acertos), nas cinco áreas trabalhadas, em cada uma das aplicações do IAR, designadas respectivamente como pré-teste, 1º pós-teste e 2º pós-teste. A comparação entre o pré-teste e o 1º pós-teste já foi apresentada, quando se observou que o período preparatório não teve praticamente efeito no desenvolvimento das habilidades básicas para alfabetização. Interessa agora observar os resultados que as crianças demonstraram no 2º pós-teste, aplicado no final do ano, após o desenvolvimento dos programas. Pode-se observar uma mudança radical nos resultados em todas as cinco categorias. Na discriminação auditiva e visual, com resultados praticamente idênticas, mais de 70% dos alunos tiveram 100% de acerto, em todos os itens; mais de 25% tiveram alguns erros e nenhum aluno errou mais da metade dos itens das áreas. É interessante ressaltar que a categoria azul corresponde a alunos que apresentaram acerto total, pois bastava um erro em alguns dos itens para o aluno passar para a categoria verde (50 a 99% de acerto). A área coordenação motora fina também apresentou resultados semelhantes, exceto pelo fato de ter havido 4,5% de alunos que erraram mais da metade dos itens. Em verbalização de palavras, 59% demonstraram domínio total, 36% ficaram com alguma dificuldade e 4,5% ainda demonstraram dificuldades significativas. Finalmente, a área de análise/síntese, com respectivamente 59, 32 e 9% de alunos, sendo esta, a área que apresentou maior porcentagem de alunos na categoria vermelha (0 a 49% de acerto).

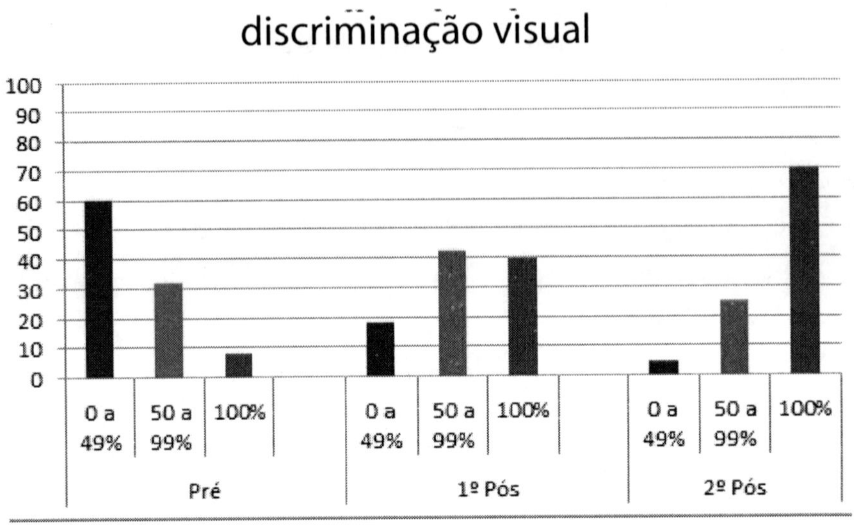

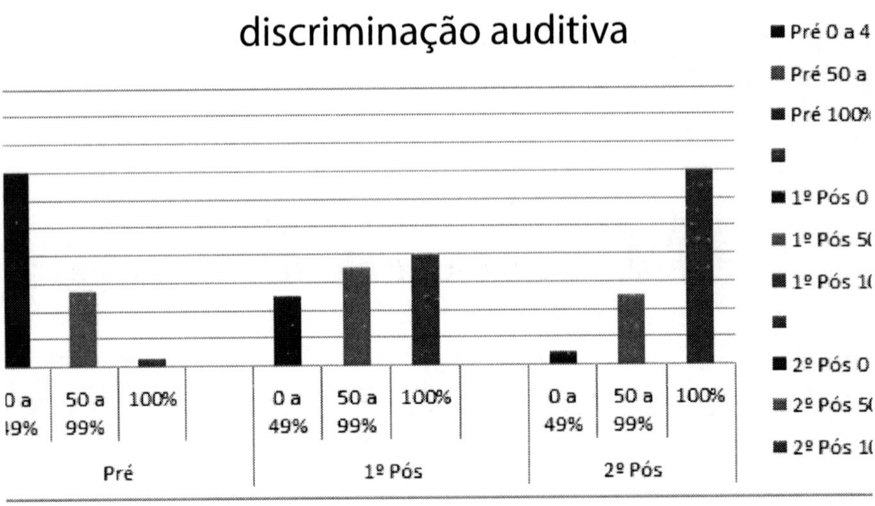

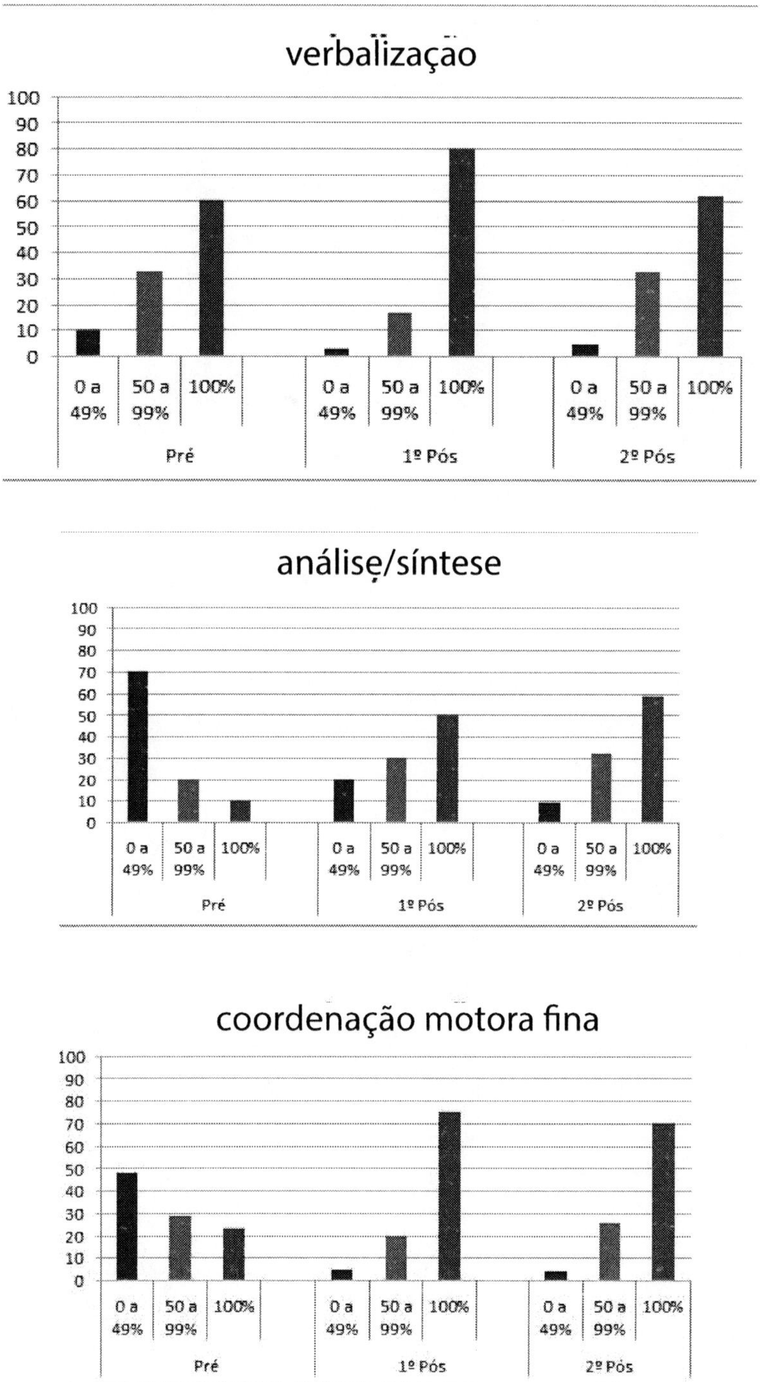

Fig. 2 - Porcentagem de alunos nas categorias de acertos consideradas, nas três testagens, em cada área desenvolvida durante o Período Preparatório.

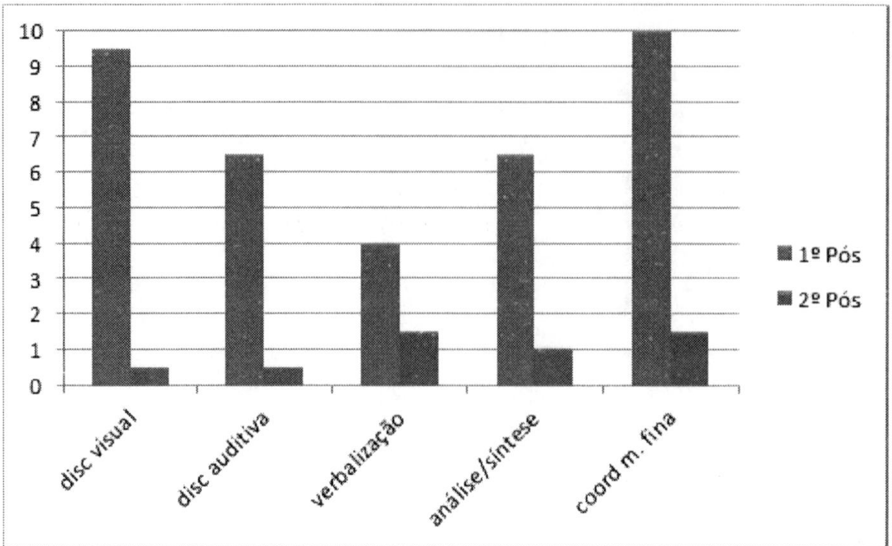

Fig. 3 - Média de erros por aluno, nos 1º e 2º pós-testes, das cinco áreas desenvolvidas.

A figura 3 apresenta a média de erros por aluno, nas cinco áreas dos 1º e 2º pós-testes. Tais valores foram calculados pela soma do total de erros cometidos na área, dividida pelo número de alunos, em cada uma das aplicações, isoladamente. Observa-se que as maiores diferenças, entre os dois pós-testes, foram nas áreas de discriminação visual e coordenação motora fina, com 8,9 e 8,2 respectivamente (média de erros no 1º pós-teste – média de erros no 2º).

Em seguida a área de discriminação auditiva aparece com uma diferença de 6,3, e a área de análise/síntese com 5,6. A área que apresentou menor diferença foi a de verbalização, com 2,1. Salienta-se, entretanto, que as diferenças foram altamente significativas.

É interessante, neste ponto, apresentar algumas informações sobre os tipos de erros cometidos pelos alunos no 2º pós-teste (IAR aplicado no final do ano). Na área de discriminação visual, o item onde se concentraram os erros – 18% dos alunos – foi o nº 4, onde as crianças deveriam ligar palavras iguais, dispostas em duas colunas verticais, em ordem diferente. Porém, quando as palavras estavam dispostas horizontalmente, e a criança deveria riscar as diferentes e as iguais, praticamente todas acertaram. É possível que a questão de disposição de vários estímulos, verticalmente, tenha sido um dos fatores que aumentaram o grau de dificuldade na tarefa de discriminação visual. Nos demais itens da área, as concentrações de erros não ocorreram.

Na discriminação auditiva, houve uma concentração de erros no item 3 b, com 18% de alunos, onde se deveriam identificar palavras com sons terminais iguais. É interessante notar que, neste item, o som final era o ÃO, considerado mais fácil do que os outros. Concentrações de erros, nos itens que avaliaram sons iniciais iguais, não ocorreram.

Em verbalização, algumas palavras concentraram erros, lembrando que esta área avaliava a habilidade de o aluno pronunciar o som corretamente. Tais palavras, em ordem decrescente, foram: problema (32% dos alunos erraram), planta (27%), flor (27%), trator (14%), livro e vaca (9% cada). Além disso, houve uma criança que errou todas as palavras. Excetuando este caso, que provavelmente deveria receber atendimento especializado, as palavras com concentração de erros sugerem que os problemas observados relacionam-se muito mais com o padrão da fala do ambiente da criança do que dificuldades intrínsecas ou específicas do aluno. Essas crianças verbalizavam "pranta" "frô", "tratô", "probrema", que são os modelos mais comuns observados naquela população. Esses resultados indicam que, para essas crianças (aproximadamente 1/3 do grupo), as condições de ensino não alteraram profundamente seus padrões de verbalização dos sons. Restaria discutir, se tais padrões devem ou não ser alterados, o que foge ao objetivo deste trabalho. A solução prática adotada, inclusive nos anos seguintes, foi a de não considerar tais verbalizações como erros ou critérios de avaliação, mas fornecer sempre os modelos corretos.

Na área de análise/síntese, a maior concentração de erros foi no item 4 (com 36% de alunos), onde a resposta era completar por escrito a sílaba que faltava, tendo um modelo como referência; envolvia, portanto, além da análise, a habilidade de cópia. O segundo item com concentração foi o nº 2 (14%), que media habilidade de análise, com a relação palavras x sílabas. Em seguida, aparece o item 3, de síntese (9%) e, finalmente, a análise auditiva onde 9% dos alunos erraram palavras trissílabas. Os resultados desta área sugerem que, para o desenvolvimento pleno das habilidades de análise e síntese, seria necessário um tempo maior de trabalho.

Finalmente, na área de coordenação motora fina, observaram-se concentrações de erros nos seguintes movimentos, em ordem decrescente: movimento da letra C manuscrita (23%), zigue-zague c/ linhas retas (18%), cópia de uma sentença (18%) e reta inclinada e movimento em U (14% cada). Nos demais movimentos não houve concentrações específicas.

Desempenho durante o programa

O registro do desempenho dos alunos, realizado em cada unidade pela professora, indicava apenas quem havia atingido os critérios de avaliação na primeira tentativa ou não. De modo geral, esses dados demonstram que a maioria das crianças conseguiram sucesso na primeira tentativa e as principais situações em que isto não ocorreu foram nas primeiras unidades dos programas. Provavelmente, isto se deve a dois fatores: primeiramente, pode revelar um problema de adaptação ao novo ritmo de trabalho, bastante diferente do anterior, principalmente pelo nível de sistematização. O outro fator pode estar relacionado com o próprio efeito do treino, pois à medida que as unidades vão sendo desenvolvidas, diminui a incidência, ou seja, as crianças vão gradualmente adquirindo o domínio da habilidade. Este quadro é bastante claro nas áreas de discriminação visual, auditiva e análise/síntese. Infelizmente não se tem o dado do tempo exato que as crianças, em média, utilizaram em cada unidade, pois a interpretação sobre o efeito do treino seria reforçada caso o tempo médio de desempenho por unidade tivesse diminuído.

Com relação à motricidade fina, não se observou o mesmo padrão de desempenho. Pelo menos metade da população, em cerca de 1/3 das unidades, necessitou de uma segunda folha para alcançar os critérios de avaliação. Ou seja, necessitaram de mais trabalho para desenvolver a habilidade.

Dados do desempenho dos alunos no ano seguinte:

No ano seguinte (1982), houve a criação de uma nova escola no bairro, o que provocou a redefinição da rede física. Como consequência, crianças que estavam matriculadas na escola onde o trabalho foi desenvolvido, tiveram que ser transferidas para a nova escola em função da proximidade de suas casas. Com isto, do grupo de 22 alunos que terminaram o ano, cerca de 12 permaneceram e foram redistribuídos por três classes, onde iniciaram a alfabetização propriamente dita. Como em todas as classes é adotado o PROLESTE, foi possível acompanhar o desempenho desses alunos.

No PROLESTE, o tempo que cada classe necessita para desenvolver uma unidade é registrado em termos de número de sessões. Visto que havia dados disponíveis de 1977, sobre o desempenho de 600 crianças de três escolas da região, foi possível compará-los com o desempenho das 12 crianças, uma vez que, com relação ao restante das classes, não houve discrepância no desempenho.

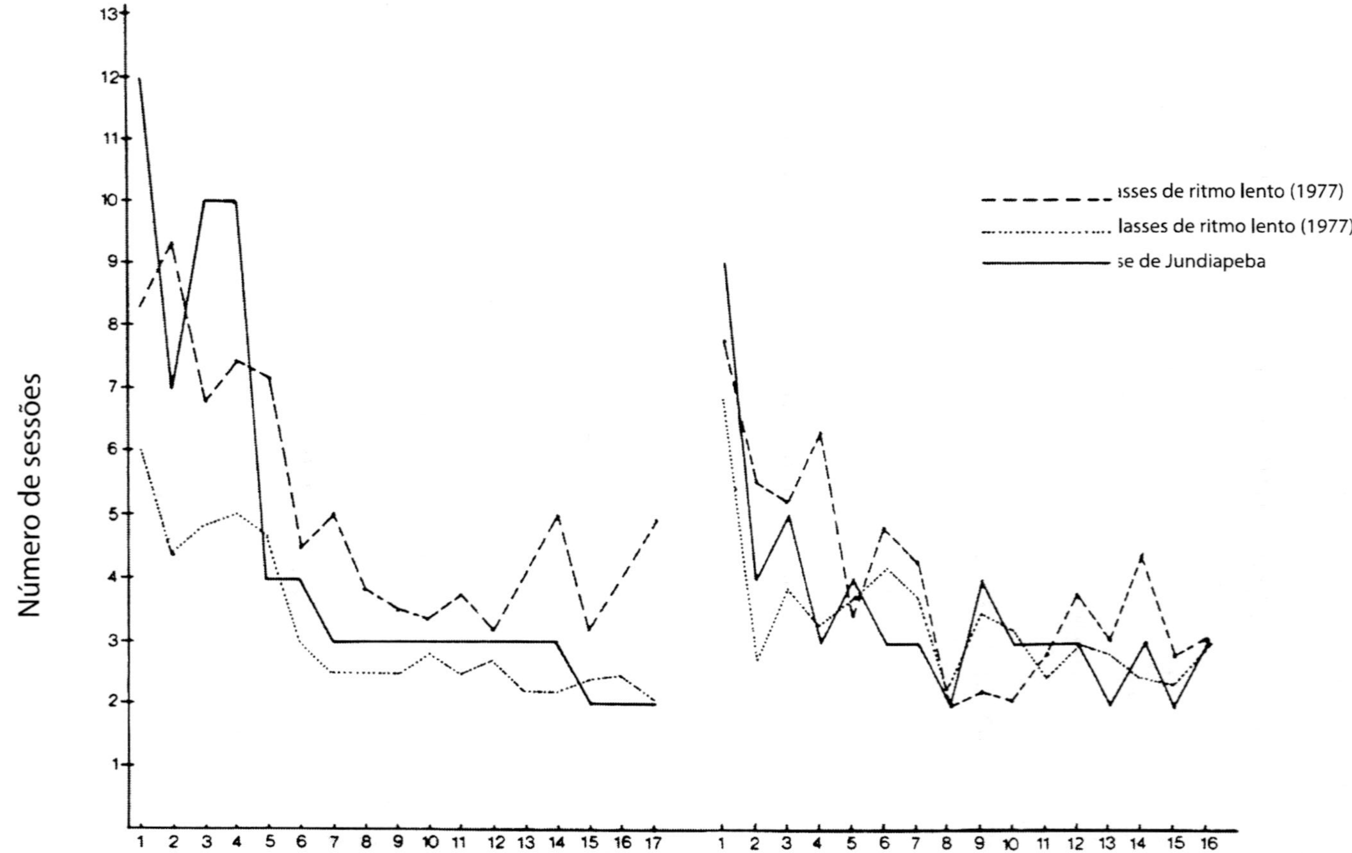

Fig. 4 - Número de sessões por passo, nas Fases I e II do PROLESTE, dos alunos de Jundiapeba, comparado com a média geral das sessões utilizadas por seis classes de ritmo lento e rstantes 13 classes do mesmo projeto no ano de 1977.

A Figura 4 apresenta o número médio de sessões por unidade dos 12 alunos de Jundiapeba, comparando-se com a média geral de sessões, aplicadas em seis classes de ritmo lento e 13 classes de ritmo não lento, cujos dados foram coletados em 1977, em três escolas da região. Os resultados envolviam 17 unidades da Fase I e 16 da Fase II do PROLESTE.

Como pode ser observado, na Fase I, o desempenho dos 12 alunos é inicialmente mais lento que os das classes de ritmo lento, mas com o decorrer das unidades, essas crianças demonstraram um ritmo que pode ser considerado intermediário entre os dois conjuntos de alunos, mas com tendência final para melhoria. É possível que a média de três sessões, observada para a unidade de sete a 14, revela mais um cuidado da professora em termos de garantir a aprendizagem, pois a orientação transmitida no PROLESTE era que as classes de ritmo mais lento deveriam trabalhar, no mínimo três sessões por passo, na Fase I.

Na Fase II, o desempenho dos alunos praticamente confunde-se com o dos dois grupos, mas geralmente é superior ao das classes de ritmo lento.

Este dado é muito relevante, pois uma população como esta, com as dificuldades iniciais de repertório que apresentava, dificilmente conseguiria sequer ser alfabetizada nas condições normais da escola pública. O que acaba por ocorrer, com crianças com tais características, é uma história escolar de reprovações contínuas que culmina invariavelmente com a evasão prematura.

O relato da experiência de Jundiapeba coloca-se como um exemplo onde se buscou adequar as condições da escola, visando respeitar e amoldar-se à realidade dos alunos. Obviamente, não esgota a questão, mas deixa claro que uma condição é básica neste processo: a reformulação dos objetivos e práticas educacionais da escola para atender a realidade da população estudantil e o trabalho dos educadores numa perspectiva coletiva.

4

Sugestões de programas para o desenvolvimento de pré-requisitos para a alfabetização

No presente capítulo são apresentadas sugestões de programas visando ao desenvolvimento de algumas habilidades consideradas básicas para o processo de alfabetização. Tais programas restringem-se às áreas discutidas no capítulo anterior, pois de acordo com os dados do IAR, (Capítulo 1) estas foram as áreas em que a população testada apresentou mais dificuldades. Portanto, os programas aqui descritos não esgotam todas as habilidades, envolvendo, entretanto, as mais relevantes.

Além disto, como tais programas foram planejados e testados para crianças em escolas públicas, poder-se-ia questionar a validade de seus efeitos para crianças com outras características. Neste sentido, deve-se relembrar que a decisão de aplicar qualquer desses programas deve ser função de uma avaliação de repertório da população, realizada anteriormente, por exemplo, através da aplicação do IAR. No entanto, pode-se supor que, se seus efeitos foram altamente significativos para uma população que demonstrou grandes dificuldades nas áreas abordadas, é provável que os mesmos programas possam ser aplicados ou servir como base para o planejamento de outros programas semelhantes, para outros grupos de crianças, visto que as habilidades envolvidas podem ser consideradas para toda a população.

ARRANJO FÍSICO DA SALA

Não há uma condição específica de arranjo físico da sala previsto para a aplicação dos programas. No entanto, as propostas descritas no Capítulo 3 podem servir como sugestões alternativas e mais adequadas do que o modelo de disposição tradicional. Sugere-se que o arranjo físico possibilite condição para dois tipos de eventos: a) a reunião do grupo de alunos com a professora, facilitando a proximidade física, situação em que seriam fornecidas todas as instruções ou mesmo realizadas atividades coletivas, de acordo com a natureza do conteúdo; a proposta do círculo no chão é uma alternativa que deu bons resultados, conforme relato no Capítulo 3; b) o trabalho individual do aluno, com espaço que possibilite o contato do professor com o aluno na carteira.

DISCRIMINAÇÃO AUDITIVA

Objetivo terminal: espera-se que no final deste programa as crianças sejam capazes de verbalizar e identificar palavras com sons iniciais e terminais, iguais e diferentes.

Unidade I

Objetivo: no final desta unidade as crianças deverão ser capazes de reconhecer sons do ambiente.

Procedimento: O professor poderá utilizar um gravador, com fita previamente preparada, contendo gravação de sons do ambiente ou utilizar os recursos disponíveis na sala de aula, podendo até imitar determinados sons. Neste caso ou com a fita, o importante é que os sons sejam apresentados e as crianças tenham tempo necessário, após cada um deles, para identificá-los. No caso da fita, cada som deve ser seguido de um momento de pausa, sendo que a própria fita pode fornecer *feedback* ao aluno.

Uma alternativa, ainda nesta unidade, é possibilitar que a criança identifique de que direção vem um determinado som, através de brincadeira de cobra cega: a criança, com olhos vendados, deve apontar corretamente em que direção situa-se uma determinada fonte sonora.

Conteúdo: os sons selecionados podem relacionar-se a vozes de animais, sons dos meios de locomoção, sons do próprio corpo (tosse, espirro, palmas, estalar dedos, etc.), sons domésticos (telefone, campainha, sino, bater porta, vidro, bater prego, etc.), além de sons de instrumentos musicais. Obviamente, quanto mais sons significativos forem abordados, tanto melhor. A sugestão é que os sons escolhidos sejam relevantes para o grupo, ou seja, existam realmente nas condições de vida comum.

Critério de avaliação: sugere-se que, como critério, o professor apresente, para cada aluno, individualmente, um conjunto de cinco sons dentre os abordados, sendo que a porcentagem de acerto esperada é 100%.

Unidade II

Objetivo: espera-se, no final desta unidade, que as crianças sejam capazes de reconhecer sons de duplas de vogais, iguais e diferentes.

Procedimento: o pré-requisito, para a avaliação desta e das demais unidades, é que o aluno seja capaz de utilizar corretamente os conceitos "igual" e "diferente". Neste sentido, sugere-se que o professor avalie esses conceitos e, caso o aluno demonstre dificuldade, procure ensiná-los através de estímulos presentes no ambiente de sala de aula.

O professor deverá apresentar duplas de vogais e solicitar que as crianças identifiquem os sons iguais e diferentes. Com este mesmo objetivo, podem ser realizados jogos e pequenas brincadeiras que, sem dúvida, mantêm um bom nível de motivação: por exemplo, combinar uma resposta (levantar, bater palma, etc.) quando os sons forem iguais... O importante é que a criança emita alguma resposta após cada dupla de sons e o professor forneça o *feedback*, valorizando o acerto e corrigindo o erro.

Conteúdo: o professor deverá apresentar as duplas de vogais, lembrando que devem ser ora iguais, ora diferentes.

Exemplos: a-ie-ei-e
a-ao-ao-i
i-uo-ou-a
o-eo-uu-u, etc.

Critério de avaliação: o professor deverá apresentar cinco duplas de vogais, escolhidas aleatoriamente, para cada aluno. O critério é de 100%. No caso de erro, retornar ao procedimento durante mais um tempo.

Unidade III

Objetivo: espera-se, no final desta unidade, que os alunos sejam capazes de reconhecer o som de duplas de sílabas iguais e diferentes.

Procedimento: semelhante ao da unidade anterior: o professor deve apresentar duplas de sílabas ora iguais, ora diferentes, e solicitar que as crianças identifiquem as duplas com som igual ou diferente.

Conteúdo: nesta unidade, deverão ser abordadas duplas de sílabas iguais ou bem diferentes, mas que não apresentem sons semelhantes na consoante; a dupla deverá ter, entretanto a mesma vogal. Exemplo de uma série de duplas:

ba-caro-no
te-peli-si
fa-mame-me
ga-gadu-bu, etc.

Critério: o mesmo da unidade anterior: cada aluno deverá acertar 100%, de cinco duplas de sílabas apresentadas pelo professor. No caso de erro, retomar o procedimento por mais tempo.

Unidade IV

Objetivo: espera-se que no final desta unidade as crianças sejam capazes de reconhecer o som de duplas de sílabas, iguais e diferentes, incluindo as de sons semelhantes.

Procedimento: também semelhante aos das unidades II e III, com o professor verbalizando duplas de sílabas, os alunos respondendo e o posterior *feedback* do professor.

Conteúdo: aqui deverão ser abordadas principalmente as duplas que apresentam som semelhante nas consoantes, além da vogal igual. Os sons semelhantes que os alunos devem aprender a distinguir corretamente são: [f][v], [t][d], [p][b], [m][n], [g][c], [x][z], [x][j], [s][z]. Correspondem às famílias silábicas em que as crianças geralmente apresentam dificuldade.

Assim, sugere-se que o professor desenvolva cada tipo de sons semelhantes por vez, o que na prática implicará em dividir esta unidade em oito sub-unidades. Exemplo:

F/V	T/D	P/B	M/N
fa/va	te/de	po/bo	me/ne
ve/fe	ti/ti	ba/pa	mo/no
ve/ve	do/to	ba/ba	na/na
etc.	etc.	etc.	etc.

G/C	X/Z	X/J	S/Z
ga/ca	ze/xe	ji/xi	so/zo
ga/ga	xo/xo	xu/ju	si/zi
gi/ci	xa/za	jo/jo	za/za
co/go	zi/zi	xi/ji	zo/so
etc.	etc.	etc.	etc.

Critério: o professor, no final de cada subunidade, deverá apresentar três duplas aleatórias para cada aluno e só passar para a próxima subunidade, quando todos acertarem 100%.

No final, caso julgue importante, o professor poderá realizar uma avaliação geral, escolhendo de cinco a 10 duplas de sílabas das diversas subunidades e apresentar para cada aluno. O critério deve ser de 100% e no caso de erros, voltar e abordar a subunidade onde se concentraram erros.

Unidade V

Objetivo: no final desta unidade, as crianças deverão ser capazes de, dado o som de uma vogal ou sílaba, verbalizar palavras iniciadas pelo respectivo som.

Procedimento: o professor deverá fornecer um determinado som e os alunos deverão verbalizar palavras iniciadas pelo respectivo som, sendo essas respostas seguidas do *feedback* do professor. Aqui também poderão ser realizados jogos, competição entre grupos, dentro do objetivo da unidade.

Conteúdo: o professor deverá iniciar apresentando o som das vogais, uma por vez, e incentivar as crianças a verbalizarem palavras. Também deve estar atento a valorizar as respostas corretas e corrigir as erradas, além de garantir que todos tenham compreendido o significado das palavras.

Critério: no final do treino, o professor deve escolher, aleatoriamente, cinco sons para cada criança. O critério é que acertem 100% e, no caso de erro, o professor deverá retornar ao procedimento.

Unidade VI

Objetivo: no final desta unidade os alunos deverão ser capazes de identificar figuras cujas palavras apresentam sons iniciais semelhantes.

Procedimento: o professor deverá apresentar, em um cartão de cartolina, uma figura (modelo) cujo nome deverá ser identificado pelas crianças, além de identificar também o som inicial da mesma (som da sílaba inicial). Em seguida o professor deverá apresentar mais duas ou três figuras, mas apenas um dos nomes deve ter o mesmo som inicial da figura-modelo.

Provavelmente, nas primeiras apresentações, o professor deverá induzir a resposta e ensiná-la para os que não conseguirem. Posteriormente, deverá continuar a sequência de apresentações, abrangendo exemplos com todos os sons de sílabas que apresentam dupla de sons semelhantes.

Conteúdo: dois pontos devem ser destacados: as figuras escolhidas devem ser conhecidas ou fáceis de serem reconhecidas; além disso, é preciso escolher figuras cujos sons iniciais sejam comuns e tenham um som correspondente semelhante, a exemplo do conteúdo da unidade IV.

O professor poderá iniciar apresentando uma série com uma figura-modelo e duas figuras de escolha, uma com som inicial igual ao da unidade e outra com som diferente.

Exemplo:

figura-modelo	-	**figuras de escolha**
abelha	-	abacaxi - uva
chave	-	chapéu - bala
cachorro	-	girafa - cavalo etc.

Após observar que as crianças não estão demonstrando dificuldade, o professor deverá iniciar as apresentações com uma figura-modelo e três figuras de escolha, em que uma delas deve ter o nome com som inicial semelhante ao do modelo. Além disso, uma figura pode ser modelo em um exercício e figura de escolha em outro.

figura-modelo	-	**figuras de escolha**
abacaxi-avião	-	óculos - elefante
olho-uva	-	ovo - abelha
vaca-faca	-	cachorro - vaso
tesoura-telefone	-	mesa - dedo
casa-galinha		cachorro - janela
palhaço-bala		bode - pato
gilete-girafa	-	sino - chinelo
etc.		

Critério: o professor deverá escolher aleatoriamente, pelo menos três exercícios, com três figuras de escolha, e apresentar para cada aluno individualmente. O critério é 100% de acerto. No caso de erro, retornar ao procedimento.

Unidade VII

Objetivo: o objetivo desta unidade é semelhante ao da unidade anterior, mudando somente a forma de apresentação dos estímulos, que passa a ser mpressas em papel.

Procedimento: nesta unidade, o professor deverá inicialmente apresentar os primeiros exercícios e executá-los juntamente com as crianças. Em seguida, cada aluno receberá uma folha por vez, com os exercícios para realizar.

Conteúdo: basicamente a mesma estrutura dos estímulos da unidade anterior deve ser mantida, exceto pelo fato de que agora serão apresentadas em tiras de papel com desenho.

O professor deve iniciar com exercícios contendo uma figura-modelo e três figuras de escolha.

Exemplo:

Nesta série devem ser abordados, principalmente, os sons semelhantes descritos na Unidade IV.

Em seguida o professor poderá apresentar séries de quatro desenhos, porém sem um modelo. A criança deverá identificar dois desenhos cujos nomes têm o mesmo som inicial.

Exemplo:

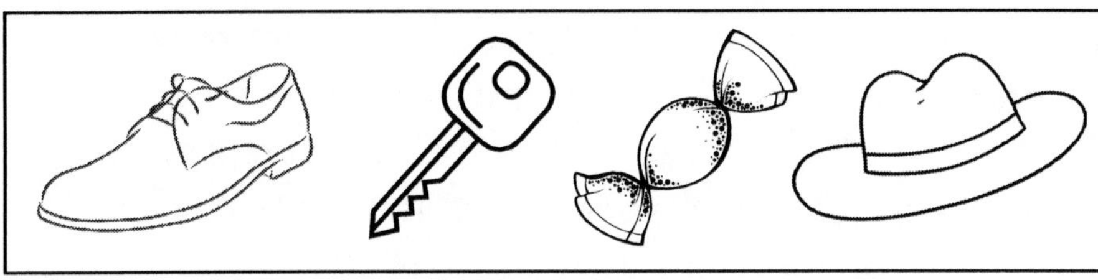

Da mesma forma, os sons semelhantes devem ser apresentados, porém neste caso, duas figuras deverão ter som inicial igual, uma deverá ter som semelhante e outra poderá apresentar um som diferente ou também semelhante.

Sugestão de palavras cujas figuras poderão fazer parte dos exercícios (agrupadas por sons iniciais iguais):

A - abelha / avião / apito
E - elefante / escada / escola
O - ovo / ônibus / osso
M - mola / moto - mesa / menino - mala / macaco / maçã
V - vaso / vaca / vassoura
K - cachorro / cadeira / carro / casa / cavalo
F - faca / fada - folha / fogueira

T - tomate / toalha - telha / tesoura / telefone
D - dominó – dedo / dado
P - pera / pêssego - pato / panela
B - banco / bandeira- botão / boneca - bacia / balão / bala / baleia
G - gato / galinha / garrafa - gilete / girafa
CH - chave / chapéu / chaleira
S - sapato / sapo - serrote / selo – cebola / cenoura
L - lápis / lata - lanterna / lâmpada
J - janela / jacaré / jarra
N - nariz / navio

Critério: As próprias respostas na folha poderão ser critério de avaliação; para passar para a próxima folha o aluno não deverá demonstrar erro. Se houver, o professor deverá apenas dizer que há erro e solicitar que a criança descubra. Em seguida, repete a folha. Como alternativas de avaliação, o professor poderá, após a realização de várias séries de exercícios, preparar uma folha com cinco séries. Se o aluno acertar 100% vai para o próximo passo. Caso contrário, retoma-se o procedimento.

Unidade VIII

Objetivo: espera-se que no final desta unidade as crianças sejam capazes de identificar palavras que terminam por sons iguais e diferentes.

Procedimento: semelhante ao da unidade VII.

Conteúdo: da mesma forma que na unidade anterior, o professor poderá iniciar com séries de desenhos contendo uma figura-modelo e três figuras de escolha. Posteriormente, poderá programar exercícios com quatro figuras, das quais apenas duas apresentem sons finais iguais.

Seguem-se algumas sugestões de sons finais que poderão ser utilizadas nos exercícios:

eca - boneca, peteca
eira - bandeira, cadeira
ato - sapato, pato, gato
oura - tesoura, cenoura, vassoura
eta - borboleta, caneta, chupeta
ela - panela, janela
ão - pão, caminhão, pião, balão
el - pincel, anel
ito - apito, palito
aço - palhaço, laço
ado - soldado, dado, cadeado
lha - folha, agulha, orelha
rro - carro, ferro
nha - aranha, galinha, unha
ala - mala, sala
ete - sorvete, tapete

Critério: semelhante ao da Unidade anterior.

DISCRIMINAÇÃO VISUAL

Objetivo terminal: espera-se que, no final deste programa, os alunos sejam capazes de identificar símbolos gráficos correspondentes a números, letras, sílabas e palavras, iguais e diferentes.

Unidade I

Objetivo: no final desta unidade, os alunos deverão ser capazes de, dada uma série de figuras correspondentes a estímulos conhecidos do meio ambiente, identificar as iguais e diferentes.

Procedimento: O professor poderá iniciar esta unidade apresentando estímulos físicos conhecidos, sendo um como modelo e dois ou três para escolha, dos quais apenas um igual ao modelo. As crianças deverão identificar os iguais ou diferentes e, ao fazerem isso, deverão verbalizar a razão da escolha. Caberá ao professor valorizar os acertos e indicar os erros. Neste caso sugere-se que o próprio aluno tente identificar o erro.

Em seguida a essa série de estímulos "concretos", o professor deverá planejar folhas impressas, apresentando diversos exercícios em cada uma delas. Os alunos deverão identificar, em cada exercício, a figura igual ou diferente da sequência. Os primeiros exercícios deverão ser realizados com o professor na lousa, juntamente com os alunos, servindo como modelo; a partir daí, cada aluno trabalhará sozinho; o professor deverá fornecer *feedback* e auxiliar os que apresentarem dificuldades. É importante que, mesmo no caso de acerto, o aluno verbalize para o professor a razão da sua escolha, o que o levará a identificar as partes do estímulo que são iguais ou diferentes das demais.

Conteúdo: com relação ao início da unidade, o professor poderá utilizar estímulos do próprio ambiente escolar: giz, lápis, copo, etc., escolhendo primeiramente estímulos cuja diferença seja bem perceptível e posteriormente, envolvendo estímulos cuja diferença torne-se mais sutil.

A elaboração do material impresso exige mais cuidados, na medida em que deve também iniciar com exercícios fáceis, aumentando gradativamente o grau de complexidade.

Há dois fatores básicos que, neste tipo de exercícios, determinam seu grau de complexidade: as diferenças de detalhes e as diferenças de rotação do estímulo utilizado, sendo estas mais difíceis de serem identificadas. O professor deverá iniciar com exercícios envolvendo somente diferenças de detalhes, de início bem notáveis e, posteriormente, mais sutis. Somente após as atividades com detalhes, deverá introduzir as atividades com diferenças por rotação; numa terceira etapa, poderá misturar exercícios variando os dois fatores.

Além disto, o professor poderá utilizar exercícios em que se apresente um modelo e três ou quatro estímulos de escolha, onde o aluno deverá decidir qual a figura igual ou diferente do modelo; ou então, sem utilizar modelos, a criança deverá decidir quais as figuras iguais ou as diferentes.

Exemplo de um exercício onde a diferença de detalhe é bem notável:

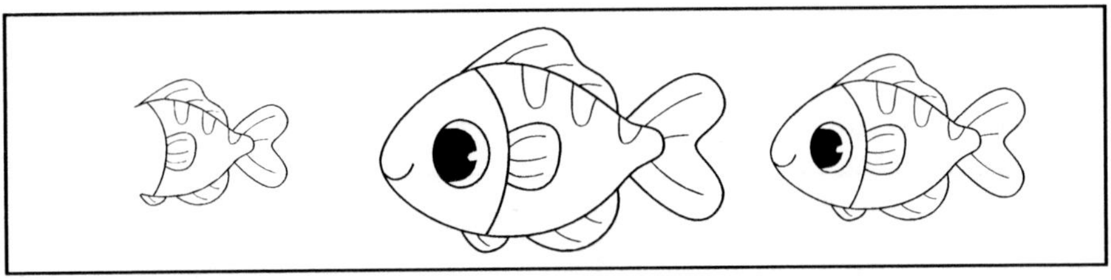

Exemplos de exercícios com diferenças sutis:

Os exercícios que apresentam diferenças quanto à rotação, são aqueles em que o estímulo diferente é igual aos demais, exceto pelo fato de que apresentam uma rotação em torno de um de seus eixos, que pode ser total (rotação de 180°) ou parcial. O grau de dificuldade neste caso é determinado por quanto de rotação ocorreu.

Exemplo de rotação total

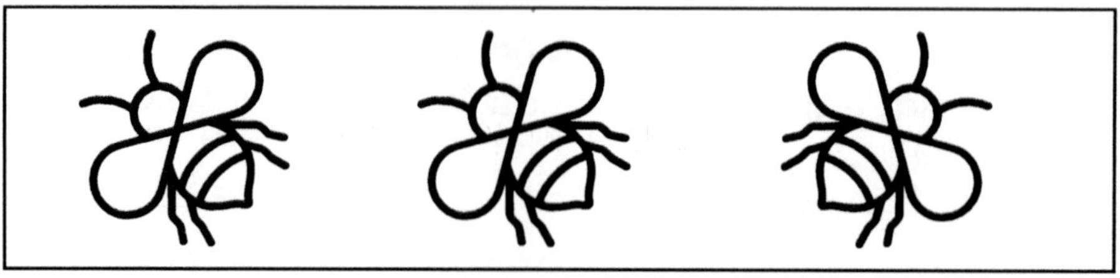

Exemplo de rotação parcial

O professor deve observar que a questão da discriminação de diferenças de rotação é muito importante na medida em que esta é a diferença apresentada por algumas letras, como é o caso do *d* e *b*, *p* e *q*, *u* e *n*, etc. Assim, essas habilidades são básicas para a discriminação correta dos símbolos gráficos que serão treinados posteriormente.

Critério: o professor deverá iniciar os exercícios impressos, quando as crianças não demonstrarem dificuldade na identificação de diferenças com estímulos físicos.

Iniciadas as séries com folhas impressas, há dois tipos de critérios que podem ser utilizados: o professor pode considerar o critério de 100% de acerto em cada folha, sendo que no caso de erro, o aluno deverá identificá-lo e refazer toda a folha; ou então o professor poderá selecionar, no final das séries, uma folha contendo cinco exercícios correspondendo aos níveis mais difíceis e o critério deverá ser de 100% de acerto. No caso de erro o aluno, deverá retornar ao procedimento.

Unidade II

Objetivo: no final desta unidade, os alunos deverão ser capazes de, dada uma série de figuras geométricas, identificar as iguais ou a diferente.

Procedimento: esta unidade pode ser totalmente desenvolvida com folhas impressas, onde o professor executa alguns exercícios iniciais na lousa, juntamente com as crianças, distribuindo posteriormente novas folhas contendo mais exercícios. A atividade do aluno deve ser seguida constantemente do *feedback* do professor, lembrando que a justificativa da escolha feita deve ser sempre apresentada pela criança.

Conteúdos: os mesmos cuidados adotados na unidade I devem ser seguidos. O professor deve apresentar séries envolvendo inicialmente diferenças de detalhe, dos mais simples para os mais complexos e, posteriormente, introduzir exercícios com diferenças de rotação.

Exemplos de exercícios com diferença de detalhes:

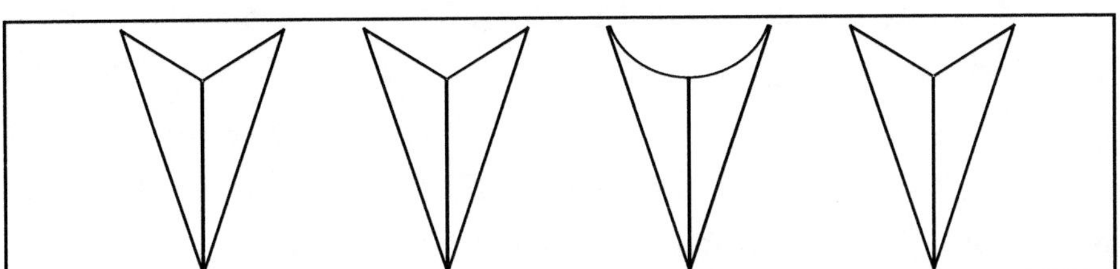

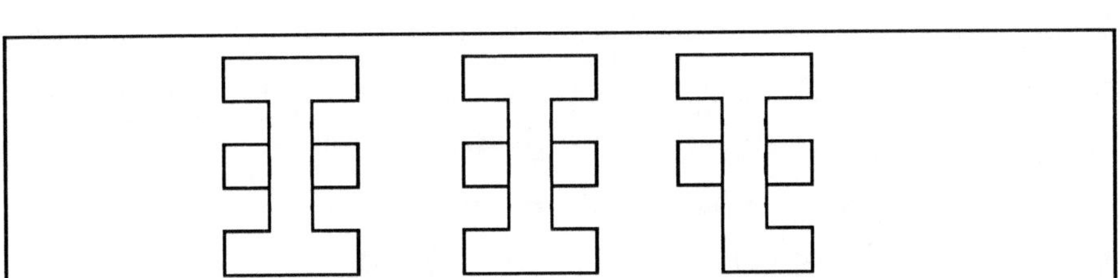

Exemplos: de exercícios com diferença de rotação:

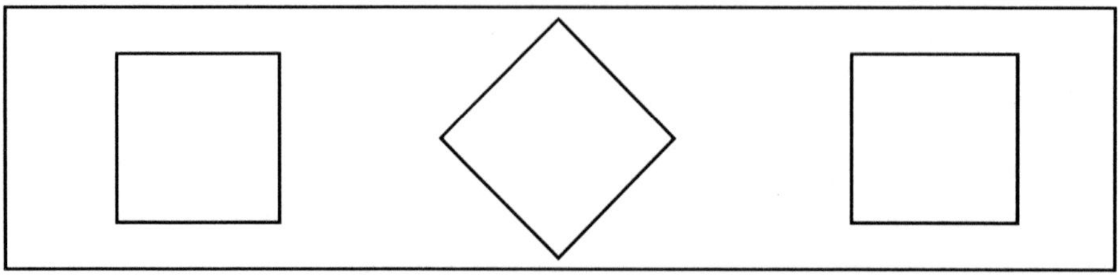

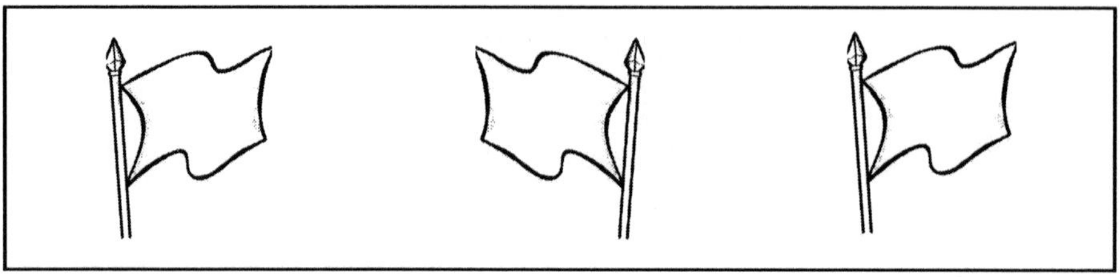

Critério: os mesmos critérios propostos na Unidade I podem ser utilizados nesta unidade.

Unidade III

Objetivo: no final desta unidade, os alunos deverão ser capazes de, dada uma série de letras e números isolados, identificar os iguais e o diferente.

Procedimento: semelhante ao das unidades anteriores, através de folhas impressas com exercícios. Os primeiros devem ser executados pela professora, juntamente com os alunos.

Conteúdo: o professor deverá iniciar programando séries de exercícios com um estímulo-modelo e três estímulos-de-escolha e, posteriormente, apresentar exercícios sem modelos, apenas com quatro estímulos, onde as crianças deverão identificar o diferente. Nos dois casos, ir do mais simples para o mais complexo.

O importante é que todas as duplas de letras, seja na forma manuscrita ou impressa, maiúsculas ou minúsculas, que apresentam semelhanças de forma devem ser apresentadas. Sugere-se que as seguintes duplas de letras sejam incluídas:

	a/o	p/q	d/b
	M/N	e/i	p/d
	m/n	n/u	p/b, etc.
e os números	6/9	3/8	7/1

Assim, os exercícios devem incluir, no caso de modelo, três estímulos de escolha, sendo um igual ao modelo, um diferente e outro semelhante. No caso da falta de modelo, deverá haver dois estímulos iguais, um semelhante e um diferente.

Exemplo:

Modelo	Escolhas	
o	e o a	com modelo
b	d b p	sem modelo

Além disso, outros tipos de exercícios mais complexos podem ser planejados, como: — "fazer uma bola em volta da letra do modelo"

Exemplo:

b (b)ode (b)anda (b)oba (b)igode

Critério: nesta unidade, sugere-se que, além do *feedback* constante após cada exercício, o professor aplique, quando observar que as crianças apresentam domínio da atividade, uma folha de avaliação, com cinco exercícios. Os alunos deverão acertar 100%, voltando ao procedimento no caso de erro. Ainda neste caso, as atividades devem concentrar-se nos casos onde surgiram as dificuldades.

Unidade IV

Objetivo: no final desta unidade, os alunos deverão ser capazes de, dada uma série de dezenas e sílabas, identificar as iguais e a diferente.

Procedimento: semelhante aos das unidades anteriores.

Conteúdo: Nesta unidade deverão ser apresentadas dezenas e sílabas envolvendo os mesmos estímulos da unidade anterior. Da mesma forma, portanto, os exercícios devem incluir, pelo menos, um estímulo semelhante ao modelo.

Exemplo:

Modelo			
96	69	98	96
ba	da	ba	bo

Pode-se também aumentar o número de estímulos para escolha:

Modelo				
pa	po	da	ba	pa

Ou utilizar exercícios sem modelo, onde apenas dois são semelhantes ou um é diferente:

me	ne	me	mo
da	da	ba	da

Critério: é muito importante a utilização de um critério rigoroso nesta unidade, pois problemas no desenvolvimento desta habilidade acarretarão dificuldades no período de alfabetização. Uma saída seria o professor concentrar, em cada folha, exercícios com conteúdos da mesma natureza. Por exemplo, uma folha contendo somente sílabas envolvendo b/d, outra para p/d, outra para m/n, etc. O aluno só passaria para a próxima folha mediante 100% de acerto na anterior. No final do último tipo, o professor poderá apresentar algumas séries misturadas, sendo uma última folha utilizada para critério de avaliação, envolvendo, necessariamente, um exercício de cada dupla de estímulos semelhantes, com critério de 100% de acerto. No caso de erro, retomar o procedimento, centrando-o nas dificuldades específicas.

Unidade V

Objetivo: no final desta unidade, os alunos deverão ser capazes de, dada uma série de palavras escritas, identificar as iguais e as diferentes.

Procedimento: semelhante ao das unidades anteriores, iniciando-se sempre com exemplos que o professor executa juntamente com as crianças, como modelo para as folhas impressas.

Conteúdo: trata-se agora de planejar exercícios com palavras que apresentam formas iguais e semelhantes, ou seja, palavras que envolvam as mesmas duplas de letras abordadas nas duas unidades anteriores.

Exemplos:

bota	boca	bola	bota	
bico	bica	boca	dica	bico
gato	gota	jato	gato	taco
doce	cedo	doce	boca	dica

Após apresentar várias séries com palavras dissílabas, o professor poderá introduzir as trissílabas.

Exemplos:

janela	panela	canela	janela
caneca	caneco	camisa	caneca

Também podem ser programados outros tipos de exercícios como o de ligar palavras iguais, os quais demonstraram ser de complexidade maior, segundo os dados do IAR (Capítulo 3).

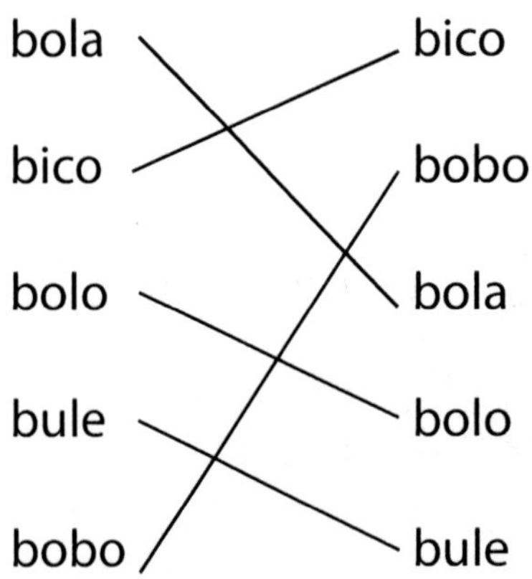

Critério: o professor, além de fornecer *feedback* após cada folha; deverá planejar uma especialmente preparada para avaliação, em que o aluno deverá apresentar 100% de acerto. No caso de erro, retornar ao procedimento.

ANÁLISE/SINTESE

Objetivo terminal: espera-se que, no final deste programa, as crianças sejam capazes de, dada uma palavra escrita, identificar seus elementos componentes (as sílabas) e, dado um conjunto de sílabas, identificar a palavra formada pelas mesmas.

Unidade I

Objetivo: no final desta unidade, as crianças deverão ser capazes de verbalizarem palavras, dividindo-as em sílabas, ou seja, verbalizá-las mantendo um intervalo de tempo entre as mesmas.

Procedimento: trata-se de uma atividade em que o professor deve verbalizar normalmente uma palavra e a criança deverá repetir, dividindo-a em sílabas. Para tanto, o professor deverá ensinar as crianças como dividir uma palavra em sílabas, verbalmente; uma sugestão é verbalizar as palavras mais lentamente, batendo palma correspondendo a cada sílaba e pedir para as crianças fazerem o mesmo. Este procedimento poderá ser repetido várias vezes para os que demonstrarem mais dificuldade.

Outras atividades poderão ser utilizadas, mas um cuidado que parece importante para o aluno é a verbalização da palavra lentamente, o que possibilitará a identificação das sílabas que compõem a palavra..

Conteúdo: o professor deverá utilizar inicialmente palavras dissílabas e, somente depois que os alunos demonstrarem domínio, deverá ampliar para trissílabas e, posteriormente, polissílabas.

Um cuidado importante é que as palavras escolhidas não apresentem encontros vocálicos, como "pátria, papai, cadeira...", pois isso pode confundir. Sugere-se a utilização de palavras formadas por somente sílabas simples envolvendo uma consoante e a respectiva vogal.

Exemplos de palavras adequadas para a atividade:

Dissílabas:	mesa	rato	bule	dado
	lata	mala	bola	gato
	teto	dedo	lama	sala
	mato	boca	bico	pato, etc.

Trissílabas:	escola	palito	parede	menino
	boneca	banana	xícara	panela
	cabelo	macaco	maluco	xarope
	sapato	careta	enxada	gilete
	caneta	casaco	janela	cavalo

Critério: o professor deverá apresentar cinco palavras para cada aluno dividir em sílabas, sendo que o critério esperado é de 100% de acerto. No caso de erro, retomar o procedimento. A avaliação deve ser realizada somente quando o professor observar que as crianças demonstram domínio durante as apresentações.

Unidade II

Objetivo: no final desta unidade, espera-se que as crianças sejam capazes de, dado o desenho de um estímulo conhecido, recortá-lo em partes e, posteriormente, recompô-lo corretamente.

Procedimento: o professor deverá apresentar figuras impressas de estímulos conhecidos. Espera-se que a criança recorte-as em partes e, posteriormente, cole-as, formando novamente a figura inicial: para isso, o professor deverá fornecer modelo adequado e realizar este procedimento algumas vezes com as crianças, fazendo-as imitar, passo a passo, o que ele faz. Depois que as crianças dominarem esses mecanismos, o professor deverá fornecer mais desenhos impressos, individualmente, e daí em diante sua função será basicamente fornecer *feedback* e auxiliar os que demonstrarem maiores dificuldades.

Conteúdo: o que vai determinar o grau de dificuldade desta unidade, além das habilidades do uso da tesoura e cola, é o tipo de figura escolhida pelo professor. Por exemplo, a figura de um "boneco" certamente será mais simples do que uma "margarida", onde cada pétala é sugestão de uma parte. Sugere-se, portanto, que o professor comece utilizando tipos de modelos mais simples e, gradualmente, os mais complexos.

Outra alternativa é o professor fornecer o desenho dos pedaços já divididos, como um quebra-cabeça e, separadamente, o contorno da figura a ser formada. As crianças deverão recortar cada pedaço e colar no contorno no lugar correspondente. Nesse tipo de atividade, é mais fácil para o professor decidir sobre o grau de complexidade, simplesmente aumentando progressivamente o número de pedaços.

Conteúdo: folhas contendo figuras impressas de estímulos conhecidos. Ex.: boneco, cavalo, automóvel, cachorro, etc.

No caso da utilização da alternativa de fornecer o desenho das partes e o contorno da figura a ser formada, um exemplo seria o que se segue:

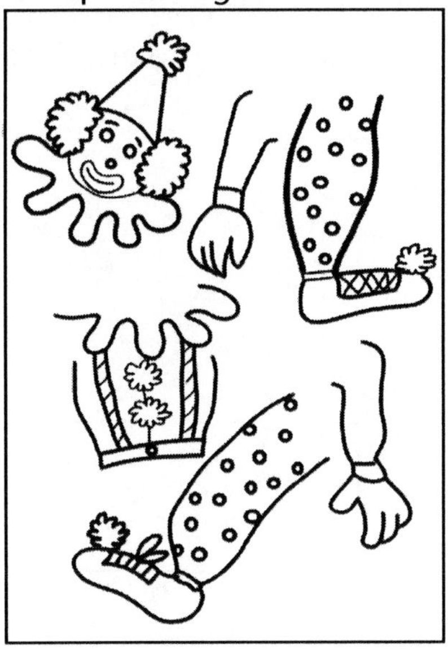

Critério: o professor deverá escolher um desenho com um nível de dificuldade não muito simples como critério. Se as crianças acertarem sem ajuda, passam para o passo seguinte, caso contrário continuam no procedimento.

Unidade III

Objetivo: espera-se que, no final desta unidade, os alunos sejam capazes de, dada a figura de um estímulo conhecido como modelo, indicar o conjunto que contém suas partes (habilidade de análise) e, vice-versa, dado um conjunto formado pelas figuras das partes, identificar o desenho que será formado pelas mesmas (habilidade de síntese).

Procedimento: o procedimento desta unidade utiliza-se de folhas impressas com exercícios, em que as folhas iniciais deverão ser executadas pelo professor juntamente com os alunos, explicando a operação realizada. Em seguida, os alunos deverão continuar com as mesmas atividades e recebendo *feedback* constante e individual do professor. As crianças devem justificar para o professor a escolha realizada.

Conteúdos: o professor poderá iniciar com uma série de questões de análise, onde o modelo é a figura completa, iniciando pelos mais simples.

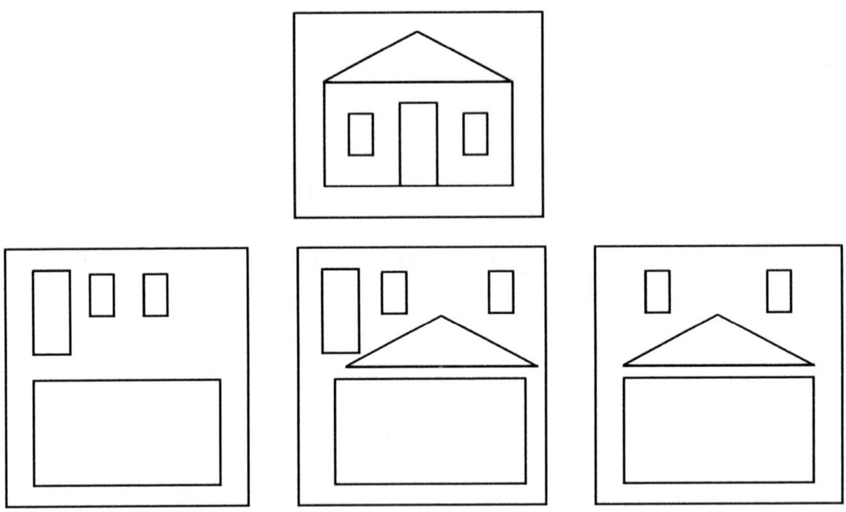

Em seguida, o professor poderá programar uma sequência de exercícios de síntese, também iniciando pelos mais simples.

Exemplo:

Após essa série, o professor poderá programar exercícios envolvendo as duas habilidades, alternadamente, aumentando o grau de dificuldade, que é determinado pelo número de partes pelo qual o modelo é dividido.

Critério: há duas possibilidades de critério de avaliação: a de o professor considerar cada folha como critério e, para passar para outra folha, o aluno deverá acertar 100% da anterior; ou o professor deverá programar, no final das sequências, pelo menos dois exercícios de análise e dois de síntese como critério, sendo que, no caso de erro, o aluno deverá retornar ao procedimento.

Unidade IV

Objetivo: no final desta unidade, os alunos deverão ser capazes de, dada a figura de um estímulo geométrico, identificar o conjunto que contém todas suas partes (análise) e, dado o conjunto contendo partes de uma figura, identificar aquela que é formada pelas mesmas (síntese).

Procedimento: o mesmo da unidade anterior.

Conteúdo: sugere-se a mesma proposta da unidade anterior, iniciando-se por uma série de exercícios de análise, seguindo-se uma de síntese e, posteriormente, apresentando os dois tipos alternadamente.

A questão central continua sendo o número de partes consideradas de cada estímulo, que vai determinar o grau de complexidade do exercício, o qual deve ser aumentado gradativamente.

Exemplo de análise:

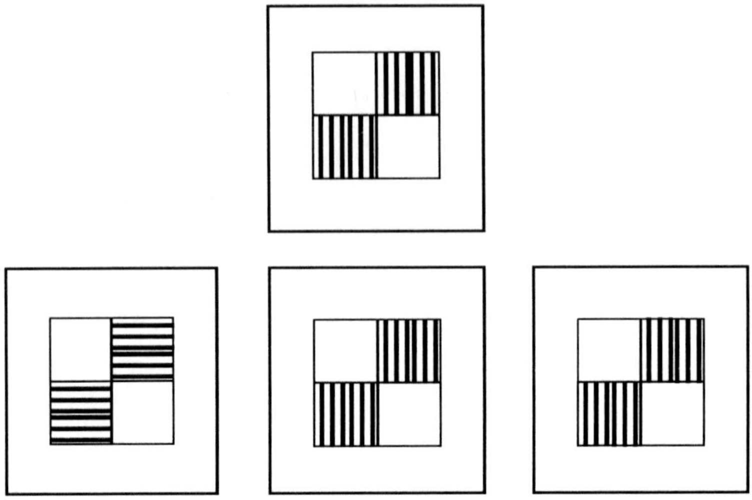

Exemplo de síntese:

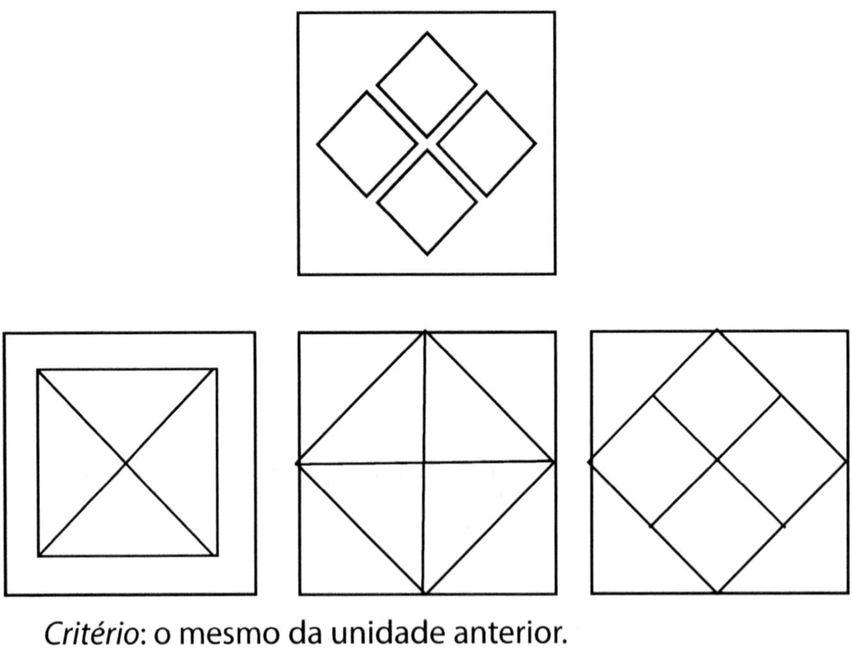

Critério: o mesmo da unidade anterior.

Unidade V

Objetivo: no final desta unidade, o aluno deverá ser capaz de, dada uma sílaba, identificar as letras que a compõem (análise) e, dadas letras, identificar a sílaba composta pelas mesmas (síntese).

Procedimento: o mesmo das duas unidades anteriores, com o professor executando os primeiros exercícios e, posteriormente, distribuindo folhas para as crianças resolverem individualmente. O *feedback* deve ser constante.

Conteúdo: O professor deverá programar exercícios com a mesma estrutura dos utilizados nas duas últimas unidades, ou seja, iniciar com uma série de análise, depois com síntese e, posteriormente, os dois tipos alternados.

Exemplo de análise:

ba

b a	d a	p a

Exemplo de síntese

l a

ta	ba	la

Critério: os mesmos da unidade III.

Unidade VI

Objetivo: no final desta unidade, o aluno deverá ser capaz de, dada uma palavra, identificar o conjunto formado por suas sílabas correspondentes (análise) e, dadas sílabas, identificar a palavra composta pelas mesmas (síntese).

Procedimento: o mesmo procedimento utilizado nas três unidades anteriores pode ser aplicado. Deve-se relembrar que as crianças não sabem ler, não sendo pois exigida habilidade de leitura. O que se espera é que ela identifique as partes pela forma das mesmas ou pelas relações existentes.

Conteúdo: os mesmos cuidados devem ser tomados quanto à ordem, cuidando-se apenas de iniciar por dissílabos e, posteriormente, com trissílabos, tanto nos exercícios de análise, quanto nos de síntese.

Além disso, não devem ser utilizadas palavras com encontros vocálicos, duplas consoantes ou consoantes isoladas. As sílabas devem corresponder às simples, compostas da consoante mais a vogal respectiva e podem ser escritas em manuscrito ou imprensa, maiúscula ou minúscula.

Exemplo de análise:

muleta

va | le | ta   ca | ne | ta   mu | la | ta

Exemplo de síntese:

ta | pe | te

topete   tapete   tapado   tucano

Outro exemplo de atividade mais complexa é apresentado em exercícios em que a criança deve copiar a sílaba de um modelo, podendo-se variar a posição da sílaba ausente.

Exemplo:

palito

pa	li	to

Critério: o mesmo da unidade III.

COMPORTAMENTO VERBAL

Objetivo terminal: espera-se que este programa possibilite o desenvolvimento das habilidades verbais de descrever, relatar e reproduzir.

Unidade I

Objetivo: esta unidade tem como objetivo auxiliar os alunos a desenvolverem a habilidade de observar e descrever figuras de estímulos conhecidos.

Procedimento: todas as unidades deste programa para o desenvolvimento do comportamento verbal estão previstas para serem desenvolvidas através de atividades grupais, dada a dificuldade de realização de treino individual, numa sala de aula típica de escola. A atividade básica deve ser centrada na reunião do professor juntamente com todo o grupo. Nessas condições, a proximidade física é um fator facilitador do treino. Assim, sugere-se que o grupo todo reúna-se no chão, em círculo, uns próximos dos outros, o que facilitará a tarefa de coordenação do grupo, a ser executada pelo professor.

Nesta unidade o professor deverá apresentar figuras isoladas, seja graficamente ou "ao vivo", e estimular os alunos a verbalizarem sobre o que veem. Obviamente, não se espera logo de início uma verbalização fluente por parte dos alunos. Para isso, o professor deverá, na medida da necessidade, induzir as respostas dos alunos através de perguntas ou indicando aspectos relevantes que os mesmos não observaram.

Ao mesmo tempo em que atua como instigador, o professor deverá estar atento para fornecer *feedback* a todas as verbalizações feitas, valorizando as adequadas e corrigindo as inadequadas, não diretamente, mas tentando que a própria criança identifique o problema.

À medida que as sessões forem se desenvolvendo, espera-se que o número de instigações realizadas pelo professor diminua, em função da crescente habilitação das crianças, ao mesmo tempo em que se espera que os *feedback* para as verbalizações adequadas aumentem, pela mesma razão, ou seja, a melhora da qualidade de descrição dos alunos. Portanto, a condição básica para a realização deste procedimento está na habilidade de o professor relacionar-se adequadamente com as crianças.

Conteúdo: a escolha dos estímulos deve ser feita seguindo uma sequência de aumento gradativo do grau de dificuldade, que no caso, depende da quantidade de aspectos a serem observados. Neste sentido, sugere-se iniciar por estímulos simples como o armário da sala ou a mesa, pois o esperado é uma descrição simples feita pelo grupo. Posteriormente, estímulos mais complexos podem ser selecionados: utensílios da classe, plantas, animais e corpo humano. De preferência, o professor deve escolher modelos que possam ser trazidos "ao vivo" para a sala de aula.

Critério: sugere-se que o professor estabeleça critérios para cada estímulo, ou seja, que ele selecione, antes da sessão, quais os aspectos fundamentais e que portanto devem fazer parte da descrição dos alunos.

Uma vez que as condições não permitem estabelecer critérios individuais rígidos, sugere-se a utilização, pelo menos, desses critérios grupais. Assim, um bom indicador de que o procedimento está tendo efeito é o fato de as crianças verbalizarem os aspectos fundamentais dos estímulos, sem a indução do professor. Além disso o professor deve estar atento e observar se todos estão participando.

A mudança para um estímulo mais complexo dependerá de verificar se a descrição feita pelo grupo abordou os aspectos considerados relevantes. Caso isso não tenha ocorrido, o professor deverá escolher outro estímulo com nível de complexidade semelhante.

Unidade II

Objetivo: a segunda unidade tem como objetivo auxiliar os alunos a desenvolverem as habilidades de observar e descrever cenas do cotidiano.

Procedimento: os mesmos cuidados da unidade anterior devem ser respeitados: a reunião em grupo e as funções do professor como instigador e fornecedor de *feedback*. As cenas podem ser trabalhadas através de gravuras previamente escolhidas ou "ao vivo", através de atividade externa, no jardim, no pátio da escola, se possível na rua da escola etc.

Conteúdo: o professor deve escolher previamente gravuras ou cenas "ao vivo" que se caracterizem pela existência de vários elementos componentes. Por exemplo, a cena de uma rua de bairro apresenta aspectos físicos e sociais para serem desenvolvidos. O ideal seria portanto escolher cenas que se relacionem com a vida do grupo de alunos que estão participando, pois seria um bom começo para aprenderem a observar o seu ambiente próximo.

Critério: sugere-se o mesmo tipo de critério da unidade anterior, com o professor estabelecendo os conteúdos mínimos que o grupo deverá verbalizar, sem a sua indução direta.

Unidade III

Objetivo: espera-se que esta unidade auxilie as crianças a relatarem fatos de sua vida cotidiana.

Procedimento: reunidos em grupos, o professor deve solicitar que as crianças relatem fatos relacionados com a sua vida, do tipo "o que eu fiz hoje antes de vir à escola", "como foi meu domingo", "o que eu faço em minha casa", etc. Essas solicitações devem implicar em relatos que se caracterizem pela sequência de fatos envolvidos. O professor deve atuar como instigador e garantir que os conteúdos dos relatos estejam adequados, no que diz respeito à forma, destacando a sequência lógica dos fatos na ordem temporal correta.

Conteúdo: além dos sugeridos no item acima, o professor pode solicitar sugestões dos próprios alunos sobre o que eles querem contar.

Critério: sugere-se que o critério básico, utilizado nesta unidade, seja que o grupo relate fatos na sequência temporal correta; ou seja, que durante os relatos não haja inadequações relacionadas à noção temporal (o que vem antes e o que vem depois). No caso de inadequações, o professor deve intervir no sentido de levar a criança a identificar, adequadamente, a relação temporal.

Undade IV

Objetivo: espera-se que esta unidade habilite as crianças a, dadas cenas de uma história em ordem alterada, reorganizá-las, segundo a lógica do enredo.

Procedimento: na condição grupal, o professor deve apresentar cenas de uma mesma história (por exemplo, história em quadrinhos), separadas e em ordem alterada. As crianças deverão reorganizar a sequência e verbalizar a história correta. O professor novamente deve atuar como instigador e fornecedor de *feedback*, de modo que as crianças discriminem a inadequação da disposição inicial e, a própria história. No caso de erro, o professor deve agir de forma a não apontá-lo diretamente mas instigar o grupo a rever a sequência feita.

Conteúdo: o professor deve escolher cenas de histórias que não apresentem verbalizações dos personagens. A cenas (quadrinhos) devem ser recortadas e coladas em papelão. O grau de complexidade da tarefa é determinado pelo número de cenas envolvidas. Portanto, sugere-se que o professor inicie por uma história com no máximo três cenas e vá aumentando progressivamente o número delas.

Critério: o grupo só deverá mudar de nível de dificuldade (número de cenas ou quadrinhos), se reorganizar corretamente a história anterior e verbalizá-la. Caberá ao professor escolher a história com o limite máximo de cenas.

Unidade V

Objetivo: o objetivo desta unidade é auxiliar os alunos a desenvolverem a habilidade de reproduzir histórias, ou seja, dada uma história, os alunos deverão recontá-la com suas próprias palavras.

Procedimento: o professor deverá contar uma história e pedir para que os alunos a reproduzam verbalmente. As sessões devem ser em grupos e o professor deve cumprir suas funções básicas de propiciar indução de respostas, quando necessário, e *feedback* constante.

Conteúdo: o problema central desta unidade é a escolha das histórias a serem apresentadas. Primeiramente, as histórias devem ser simples, ou seja, com poucos fatos e poucas personagens, pois estes fatores determinam o grau de complexidade das mesmas. Gradualmente, as histórias devem ser ampliadas de tamanho.

O segundo problema diz respeito à mensagem que a história transmite. A maioria das histórias tradicionalmente utilizadas, como certas fábulas, implicam em valores e conceitos morais bastante discutíveis; frequentemente, muitos professores não percebem o problema profundamente. Por exemplo, uma história que implica na ideia de que "Deus ajuda quem cedo madruga" pode, facilmente, ser interpretada na perspectiva de que, no mundo, a solução é "cada um para si e Deus para todos", o que implica numa concepção individualista e egoísta das relações humanas.Neste sentido, a escolha da história deve ser função do tipo de questão ético-moral que se julga importante apresentar. Sugerem-se histórias que abordem temas como: respeito humano, respeito ao bem comum, cooperação e solidariedade, organização do grupo diante de um problema comum, respeito à natureza, enfim, assuntos que sejam importantes no sentido da formação de um cidadão responsável e solidário.

Critério: para cada história, o professor deve previamente selecionar os aspectos relevantes. Poderá ser considera adequada a reprodução que envolver esses aspectos relevantes, sem a instigação do professor; neste caso, uma história com nível maior de complexidade poderá ser apresentada.

COORDENAÇÃO MOTORA FINA

Objetivo terminal: espera-se que, no final deste programa, as crianças sejam capazes de reproduzir os traçados necessários para a escrita das letras.

Pré-requisito: para iniciar neste programa, as crianças já deverão ser capazes de executar rabiscos com lápis numa folha de papel.

Conteúdo e sequência das unidades: sugere-se que o procedimento envolva os 24 movimentos abaixo, sendo que cada um deles pode ser considerado como uma unidade do programa.

A ordem proposta para os conteúdos das unidades é a seguinte:

1
2
3
4
5
6
7
8
9
10
11
12
13

14 

15 

16 

17 

18 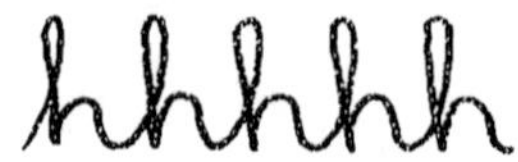

19 

20 

21 

22 

23 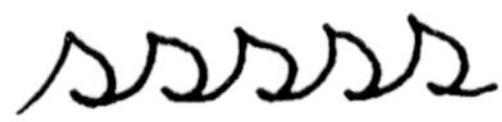

24 

Cada movimento deve ser abordado separadamente.

Procedimento geral das unidades: no início de cada unidade, o professor deverá apresentar o movimento na lousa e fornecer modelos de como deve ser executado. Em seguida, o professor deve sugerir que as crianças acompanhem o seu modelo, realizando o movimento "no ar", com o dedinho. Numa etapa seguinte, os alunos deverão realizar o movimento na lousa, com o giz, enquanto o professor fornece *feedback* e auxilia os que têm mais dificuldade. Só então os alunos deverão realizar o movimento em folhas impressas, onde serão fornecidos os traçados que os mesmos deverão cobrir com o lápis.

Com relação a essas folhas, sugere-se que para todo movimento exista uma linha-guia, semelhante ao caderno, que auxiliará o traçado da direção do movimento.

Além disso, sugere-se que o professor retire gradualmente o modelo de modo que, no final, o aluno execute o movimento livremente. A retirada do modelo pode ser feita, apresentando várias vezes o mesmo traçado, mas com linhas cada vez mais pontilhadas.

Por exemplo:

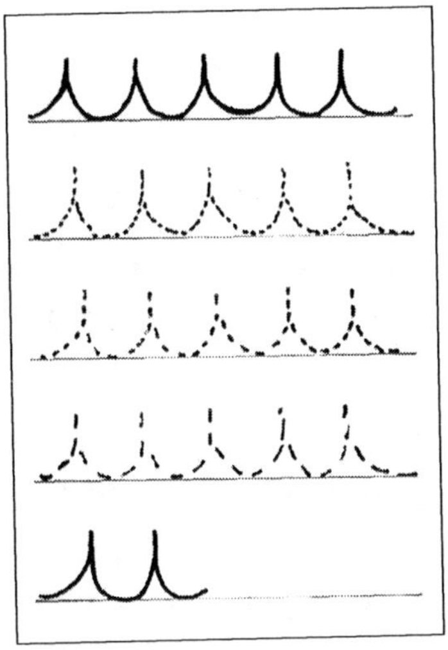

Assim, cada movimento pode ser executado em cinco etapas ou em quatro, de acordo com a necessidade observada pelo professor. No entanto, deve-se manter a última etapa, em que há apenas o modelo inicial e a criança completa livremente, até o final da linha.

Critério geral de avaliação: como o procedimento basicamente é o mesmo para todos os movimentos, o aluno deverá atingir os critérios mínimos em cada unidade para progredir para a seguinte. Da mesma forma, no caso dos pontilhados, deve haver critérios para o progresso em direção à etapa seguinte.

Sugerem-se os seguintes critérios:

a) o traçado não deve desviar-se significativamente da linha modelo, sendo aceitáveis desvios em torno de três milímetros aproximadamente;

b) no caso da quinta etapa, o traçado não deve desviar-se significativamente da linha-guia e o padrão final do traçado da criança deve manter semelhança com o do modelo fornecido no início da linha.

OBSERVAÇÕES SOBRE OS PROGRAMAS APRESENTADOS

As propostas de procedimentos para as diversas unidades dos programas não devem ser entendidas de uma forma rígida, em que apenas as atividades descritas aqui sejam utilizadas. Ao contrário, elas são apresentadas como sugestões, sendo que outras diferentes podem e devem ser implementadas.

O aspecto a que o professor deve estar atento é que a sequência de unidades de um programa corresponde à progressão, de acordo com o nível de dificuldade das habilidades e conteúdos envolvidos. Assim, ao se escolherem outras atividades para uma mesma unidade, é fundamental que estas impliquem no treino das habilidades específicas explícitas no objetivo da unidade.

Por exemplo, se o professor está orientando os alunos a reconhecerem os sons de duplas de sílabas, as atividades devem garantir essa habilidade definida no objetivo, não sendo, portanto, o momento de incluir atividades que envolvam palavras ou orações. Assim, o princípio norteador é o da coerência que deve existir entre o objetivo de uma unidade e as atividades nela utilizadas.

Outra questão fundamental é o professor julgar que não há necessidade de garantir todas as unidades e nem adotar um critério de avaliação. Novamente, deve-se ressaltar a importância de se garantir a aprendizagem de todas as habilidades definidas nos objetivos das unidades, pois o que se espera é que todos os alunos progridam e não apenas alguns.

A sequência das unidades é um instrumento para auxiliar o professor a promover a aprendizagem para todos os alunos; isto significa que os presentes programas foram planejados visando atingir, como ponto de partida, as crianças com ritmo de aprendizagem mais lento, ou que apresentam alguma dificuldade específica.

Este problema torna-se mais sério quando o grupo de crianças é muito heterogêneo. Neste caso, se o professor assume que, como profissional consciente, deve preocupar-se com todos os alunos, dois caminhos se apresentam: ou ele desenvolve um programa específico no ritmo de cada subgrupo, ou ele desenvolve somente um programa, tomando como ponto de partida os alunos mais lentos. Caso contrário, ele vai privilegiar alguns, em detrimento de outros. No caso de grupos homogêneos, o professor também deve seguir todas as unidades, com a vantagem de que o seu desenvolvimento provavelmente será mais rápido.

Com relação aos critérios de avaliação, entende-se que esta é uma questão da qual o professor nunca deveria abrir mão. Vale relembrar que, na proposta geral do presente trabalho, avaliação é entendida com um instrumento de *feedback* para o professor, indicando se as condições de ensino que planejou foram eficientes e se é possível progredir para a unidade seguinte.

Ainda quanto à avaliação, é muito frequente educadores questionarem a questão dos 100% de acerto como sendo um nível muito alto de exigência. Para um programa mal elaborado e desenvolvido, certamente é um critério alto. Mas para um programa onde os objetivos são claramente definidos, os conteúdos especificados e divididos em pequenas unidades sequenciadas logicamente, onde uma é condição para a seguinte, contando com procedimentos criteriosamente escolhidos, só há dois possíveis efeitos: ou o aluno aprendeu, ou não aprendeu. Se tem dúvida, é porque não aprendeu. Assim, falar de 100% de acerto num programa deste tipo não é estabelecer o máximo, mas sim o mínimo que é esperado de cada aluno para progredir.

Outra observação a ser discutida é a questão do *feedback* do professor. Sem dúvida, esta é uma questão fundamental, pois envolve o relacionamento social existente entre professor e aluno, portanto, o próprio "clima de trabalho" da sala de aula. "Feedback" (retroalimentação) diz respeito às intervenções do professor visando fornecer dicas, subsídios, etc. para o aluno identificar a qualidade do seu desempenho ou produto dele. Dependendo da forma como é fornecido, poderá ser um instrumento importantíssimo para a aprendizagem ou poderá comprometer totalmente o plano de ensino.

O *feedback* deve ter sempre um caráter positivo, valorizando tudo que o aluno fez de apropriado; para tanto, o professor deve sempre identificar alguns aspectos adequados do desempenho do aluno para, na sequência, abordar seus erros e dificuldades. Porém o professor nunca deverá depreciar ou desvalorizar a criança por ter errado. Além de ser um ato autoritário, em nada contribui para o desenvolvimento do aluno, deixando geralmente sequelas emocionais que podem ser muito prejudiciais na vida presente e futura da criança. Pode-se, portanto, afirmar que os dois locais mais frequentes em que o professor deve-se localizar são na frente do grupo, quando estiver dando instruções, ou junto aos alunos, atendendo-os, individual ou grupalmente, fornecendo *feedback*, incentivo e ajuda.

Finalmente, com relação à organização temporal dos programas, algumas propostas merecem destaque. Primeiramente, sugere-se que todos os programas sejam desenvolvidos simultaneamente, em momentos diferentes do período escolar. Uma sugestão é que cada programa ocorra em sessões de, no máximo, 30 minutos de duração, para não cansar a criança, alternando várias situações durante o período. A exemplo da proposta apresentada no Capítulo 3, o período pré-recreio pode ser dividido em três sessões, de 30 minutos cada, e o pós-recreio, em duas sessões. Sugere-se que, nas sessões de início de período, sejam desenvolvidas as áreas que exigem mais atenção e concentração e nas sessões de final de período, as áreas mais "suaves". Por exemplo, as duas primeiras sessões do período escolar podem ser alternadas entre as áreas de discriminação auditiva, visual e análise/síntese, com a variação de que, diariamente, uma não seria trabalhada. A terceira sessão (antes do recreio) poderia envolver a área da coordenação motora grossa, com atividades no pátio. O segundo período poderia ser iniciado por uma sessão diária de motricidade fina, seguida pela sessão dos procedimentos da área de comportamento verbal. É possível, ainda, prever para o final da aula, um momento de tempo livre, com atividades escolhidas pelas próprias crianças.

Com relação ao arranjo físico da sala de aula, há duas sugestões descritas no Capítulo 3.

5

CONSIDERAÇÕES FINAIS

Os programas e as propostas apresentados neste trabalho não devem ser interpretados como sendo a essência do currículo da educação infantil ou séries iniciais, mas sim como uma sugestão que pode ser incluída nesses períodos. Embora isto possa parecer óbvio, frequentemente a pré-escola, ou a Educação Infantil tem sido discutida, com ênfase na questão da preparação para o período da alfabetização escolar.

Nos anos 70 e 80 do século passado, observou-se, em nosso meio, um grande interesse pela questão da pré-escola, motivado, entre outros fatores, pela crescente inserção da mulher no mercado de trabalho, gerando como consequência o problema da guarda dos filhos. Além disso, predominava a crença de que o fracasso escolar era motivado por "déficits" comportamentais nas crianças pobres, que poderiam ser "corrigidos" pela implantação da rede de ensino pré-escolar.

A questão foi discutida por vários autores entre eles Campos (1979)[23], Campos, Patto e Mucci (1981)[24] e Kramer (1982)[25].

---

[23] Campos, M. M. M. Assistência ao pré-escolar: uma abordagem crítica. Cadernos de Pesquisa, 1979, nº 28.

[24] Campos, M. M. M.; Patto, M. H. S. e Mucci, C. A creche e a pré-escola. Cadernos de Pesquisa, 1981, n 39.

25 Krammer, S. A Política do pré-escolar no Brasil: a arte do disfarce. Rio de Janeiro: Achiamé, 1982.

A crença na necessidade de uma etapa de preparação da criança para a alfabetização, sempre provocou desastrosas restrições nos objetivos da pré-escola. Da mesma forma, induziu os menos esclarecidos a acreditarem que a escola, a partir do primeiro grau, estava correta nos seus objetivos, organização e funcionamento, de forma que o problema situava-se, portanto, na criança. Assim, a solução seria "melhorar a criança".

Estudos já citados, incluindo este próprio trabalho, sugeriam que tal concepção não era adequada, pois certamente seria de pouca utilidade, a implantação de uma pré-escola, sem que ocorressem, simultaneamente, profundas alterações nos objetivos e práticas escolares, nos níveis subsequentes, principalmente nas práticas de alfabetização. O próprio termo "pré-escola" já era inadequado, pois supunha um período que deveria ocorrer antes da escola propriamente dita, sendo seus objetivos direcionados para a preparação da criança para a fase que viria na sequência. Portanto, com relação à alfabetização, que seria sistematizada na primeira série, a tarefa da pré-escola seria garantir o período de "prontidão", para que a criança desenvolvesse os pré-requisitos, que garantiriam o seu sucesso no período da alfabetização, na primeira série.

No contraponto a esta visão, vários educadores e pesquisadores já defendiam, naquele período, que a pré-escola deveria corresponder aos anos iniciais da vida escolar, com amplos objetivos. Estes deveriam habilitar a criança não somente a ler e escrever, mais garantir todos os comportamentos básicos que a preparassem para a vida, presente e futura, em seu meio social. Obviamente, esses objetivos refletiriam as concepções de Homem e de Mundo dos grupos que planejam o ensino; por esta razão, a definição desses grandes objetivos educacionais deveria ser assumida de forma democrática, com a participação de vários setores da sociedade, não podendo depender apenas das concepções dos chamados "técnicos da educação". Em termos dos grandes objetivos educacionais, a questão seria, portanto, de natureza político--ideológica.

Com relação aos conteúdos apresentados neste trabalho, o desenvolvimento das habilidades básicas para a alfabetização seria previsto no plano curricular dos primeiros anos de escolaridade, simultaneamente com o desenvolvimento de outras habilidades julgadas fundamentais. Assim, o início do trabalho escolar com a questão da alfabetização dar-se-ia através do desenvolvimento das habilidades básicas, com crianças na faixa dos cinco ou seis anos. Desta forma, poderia ser garantida a continuidade do processo de alfabetização, através dos estágios subsequentes mais complexos, envolvendo as relações grafema/fonema, a concepção alfabética, o domínio das convenções linguísticas, entre outros. Simultaneamente, ocorreria o desenvolvimento de atividades que colocassem a criança em contato com o texto, entendido como o grande eixo pedagógico, norteador de todo o processo de alfabetização nas séries inicias.

O importante dessas ideias é que a chamada pré-escola poderia ser um período importantíssimo, inserido no "contínuo educacional", desde que este fosse amplamente replanejado; neste contexto, o desenvolvimento das chamadas habilidades básicas para a alfabetização seria um dos aspectos a serem trabalhados tão importante quanto os demais.

Com a recente legislação educacional, criando a Educação Infantil e a escola de nove anos, a questão da alfabetização se recoloca em um plano mais abrangente. Garantindo-se o ingresso da criança mais cedo na escola, é possível que os educadores planejem uma estratégia educacional que possibilite às crianças um processo de alfabetização, gradual e contínuo, a partir das habilidades básicas. Esse processo ocorreria, simultaneamente, ao envolvimento dos alunos com as práticas de leitura e escrita, através do contato com o texto, no qual os professores seriam os leitores e os escribas para as crianças mais jovens.

Para uma parcela da população, principalmente oriunda de setores mais carentes, o trabalho sistematizado com relação às habilidades básicas para a alfabetização seria, certamente, necessário. Neste sentido, o IAR pode ser uma contribuição que permitirá aos educadores conhecerem o repertório de seus alunos e decidirem sobre a necessidade de programas específicos a serem implantados.

Conforme estruturado, o IAR poderá fornecer informações precisas sobre o repertório básico de cada criança, o que pode ser de grande valia para o planejamento pedagógico, nessa fase inicial de escolarização. Nos casos extremos, o IAR poderá indicar crianças que poderão ser grandemente beneficiadas com a implantação sistemáticas de programas, como os apresentados nos capítulos anteriores.

Obviamente, todos os cuidados e sugestões propostos neste trabalho não vão resolver a questão do fracasso escolar, visto que o fenômeno não é simplesmente pedagógico. Em última instância, fatores socioeconômicos, como a má distribuição de renda, falta de oportunidade de trabalho, tipo de alimentação, a própria condição do menor na família, etc., contribuem para o fracasso de grande parcela das crianças. Porém, há fatores intraescolares, como cita Mello (1979)[26], que dependem em grande parte dos professores e

---

[26] Mello, G. N. Fatores intraescolares como mecanismos de seletividade no ensino de primeiro grau. Revista Educação & Sociedade, 1979, 2.

gestores que atuam na escola. Questões como projeto pedagógico, planejamento e desenvolvimento de programas adequados à população, adequação do trabalho pedagógico ao ritmo da criança, implantação de um sistema de avaliação adequado, relação professor/aluno, etc., são aspectos da vida escolar que podem e devem estar sendo constantemente elaborados, revistos e reformulados, pelo coletivo dos educadores que atuam concretamente na escola. É nesta perspectiva que a gestão escolar deve ser exercida, buscando a construção de práticas de trabalho coletivo no interior da escola, pois esses desafios que se colocam, não serão devidamente enfrentados, sem que se superem as formas tradicionais de organização escolar, centradas no trabalho isolado dos professores. Assume-se que não basta somente a existência de bons professores, mesmo realizando um excelente trabalho pedagógico em suas salas: sem uma estrutura que garanta a continuidade do trabalho pedagógico, realizado a partir de diretrizes comuns, dificilmente uma instituição escolar terá sucesso, por exemplo, no processo de alfabetização escolar dos alunos.

Neste sentido, os trabalhos pioneiros, realizados nos anos 70 e 80 do século XX, por educadores da região de Mogi das Cruzes, ligados à rede pública de ensino e à Universidade de Mogi das Cruzes, cujos exemplos citam-se o PROLESTE e os aqui relatados, são apresentados como alternativas bem sucedidas. Certamente, outros grupos também realizam trbalhos semelhantes, que devem ser divulgados.

Esses esforços já demonstravam que é possível uma escola mais eficiente, que respeite as características da população atendida, promova a aprendizagem de todos os alunos e que seja, portanto, mais democrática.

ANEXO

VERSÃO ADAPTADA DO IAR: EFEITOS NA AVALIAÇÃO DE REQUISITOS PARA ALFABETIZAÇÃO DE APRENDIZES COM TEA

ADAPTED VERSION OF THE IAR: EFFECTS ON THE EVALUATION OF LITERACY REQUIREMENTS IN LEARNERS WITH ASD

NAJRA DANNY PEREIRA[27]

CÁSSIA LEAL DA HORA[28]

Resumo

Uma avaliação abrangente e eficiente do repertório de base para a alfabetização de alunos com Transtorno do Espectro Autista (TEA) é requisito importante para uma escolarização satisfatória. Sendo assim, o presente estudo teve como objetivo investigar se um conjunto de adaptações realizadas no Instrumento De Avaliação De Repertório Pré-Requisito Para Alfabetização (IAR), favoreciam o desempenho de alunos com TEA, no tocante ao repertório de habilidades básicas para a alfabetização. Para isso, participaram três meninos com TEA, de 8 a 9 anos, que eram

---

[27] http://orcid.org/0000-0003-3673-0876; ComTato - Centro de Intervenção Comportamental; Brasil; E-mail: najradannypl@gmail.com

[28] http://orcid.org/0000-0001-5029-9600; Centro paradigma de Ciências do Comportamento; Brasil; E-mail: cassiadahora@paradigmaac.org

estudantes do ensino regular, liam e escreviam fluentemente e exibiam os repertórios avaliados pelo IAR original atestado via instrumento comportamental de avaliação VBMAPP. Primeiro foi aplicado o IAR-Original e em seguida, a versão adaptada, que foi realizada com um conjunto de adaptações, entre elas: adaptações nas tarefas, nos registros e nos procedimentos de aplicação. Os participantes tiveram melhor desempenho no IAR versão adaptada quando comparado ao IAR versão original. Além disso, houve redução significativa no tempo de aplicação do IAR original para a versão adaptada para todos os participantes. Os dados mostram diminuição importante na quantidade total de erros emitidos, redução na apresentação de comportamentos disruptivos e aumento no engajamento para todos os participantes. Os resultados indicam que as adaptações feitas no IAR favoreceram o desempenho dos participantes, demonstrando que o IAR adaptado pode ser uma alternativa para avaliar repertório de alunos com TEA.

Palavras-chave: transtorno do espectro autista, avaliação,
Pré-requisitos para alfabetização, adaptação de instrumento.

Abstract:

A comprehensive and efficient assessment of the foundational literacy repertoire for students with Autism Spectrum Disorder (ASD) is crucial for satisfactory schooling. This study aimed to investigate whether a set of adaptations made to the Prerequisite Literacy Repertoire Assessment Instrument (IAR) would enhance the performance of students with ASD in terms of basic literacy skills. Three boys with ASD, aged 8 to 9, who were regular education students, could read and write fluently, and exhibited the repertoires assessed by the original IAR as confirmed

by the VBMAPP behavioral assessment instrument, participated in the study. Initially, the original IAR was administered, followed by the adapted version, which included a series of adjustments in tasks, recording methods, and application procedures. Participants performed better on the adapted IAR compared to the original version. Additionally, there was a significant reduction in the time required to administer the adapted IAR for all participants. The data showed a notable decrease in the total number of errors, a reduction in disruptive behaviors, and an increase in engagement for all participants. The results indicate that the adapted IAR improved participant performance, suggesting that the adapted IAR could be a viable alternative for assessing the repertoire of students with ASD.
Keywords: autism spectrum disorder; educational inclusion; literacy.

No repertório comportamental de alunos com Transtorno do Espectro Autista (TEA), costumam estar presentes déficits e excessos comportamentais que podem implicar em barreiras de aprendizagem no contexto escolar tradicional. Caso não haja um direcionamento eficaz, dificuldades deste tipo podem acarretar prejuízos no sucesso do aluno com TEA na sala de aula regular (Gomes & Mendes, 2010).

Para desenvolver programas de ensino eficazes, é necessária uma avaliação do repertório de base do aluno. Isso ajuda a definir objetivos de ensino e identificar um ponto de partida. Pimentel e Fernandes (2014) apontam que professores têm dificuldades em saber quais conteúdos ensinar e quais procedimentos de ensino são eficientes para essa população, gerando descrença no desenvolvimento escolar do aluno com TEA. Além disso, as ferramentas de avaliação comportamental que costumam ser empregadas em contextos de ensino individualizado (e.g., VB-MAPP, ABLLS-R , PEP-R e AFLS) não costumam estar disponíveis e nem serem alvos de aprendizagem no processo de formação inicial e continuada de docentes.

Dessa forma, outros instrumentos de avaliação (já disponíveis no mercado e mais compatíveis com a formação dos professores), têm sido investigados como alternativa ao professor da educação básica para acessar o repertório de alunos com deficiência. Como exemplo, tem-se o Instrumento de Avaliação de Repertório Básico para Alfabetização (IAR), que avalia habilidades consideradas como pré-requisitos de leitura, escrita na área da educação. Trata-se de um instrumento diante do qual o aluno realiza uma série de tarefas que avaliam habilidades referentes a 13 áreas: Esquema corporal, Lateralidade, Posição, Direção, Espaço, Tamanho, Quantidade, Forma, Discriminação visual, Discriminação auditiva, Verbalização de palavras, Análise-síntese, Coordenação motora fina (Leite, 2015).

Embora o IAR tenha sido originalmente criado para avaliar o repertório comportamental de estudantes neurotípicos, Capellini (2001) utilizou o IAR para adquirir um panorama de como os alunos com deficiência de uma instituição de ensino estavam em relação às habilidades que compõem o currículo infantil. Rabello, Motti e Gasparetto (2007) adaptaram o instrumento ao Sistema Braille, contando com recursos em relevo, para avaliar a aplicabilidade do instrumento em escolares cegos. Tais estudos evidenciaram que a realização de adaptações, na forma de apresentação do IAR, parece ter favorecido a utilização deste instrumento com o objetivo de avaliar o repertório de alunos com deficiências.

Lima e Da Hora (2020), com o objetivo de investigar a aplicabilidade do IAR no formato original para alunos com TEA, compuseram sua amostra com alunos que já possuíam as habilidades avaliadas pelo IAR original (atestado via avaliação comportamental VB-MAPP, que dispõem habilidades compatíveis com o IAR), logo, esperava-se que os mesmos apresentassem desempenho satisfatório na realização do instrumento. Os resultados mostraram que os participantes obtiveram desempenhos classificados como 'Alguma ou Muita dificuldade' em diversas áreas avaliadas. Além disso, houve a ocorrência de comportamentos disruptivos e baixo engajamento durante uma parte considerável do tempo de aplicação.

Algumas características do IAR podem estar relacionadas aos tipos de erros cometidos pelos participantes, a exemplo: o caderno de resposta do aluno apresenta múltiplas tarefas por página, demandando, predominantemente, respostas que demandam habilidades motoras complexas, como pintar e escrever (Grandin, 2015; Mesibov, et. al., 1994; Mesibov e Shea, 2010; Peeters, 1998), o que pode representar um desafio significativo para muitos alunos com TEA. As instruções usadas no IAR original, abrangiam uma variedade de respostas, como pintar, desenhar uma bola (forma circular) ou fazer um "X" em um componente específico da folha de respostas. Estas instruções, podem ser desafiadoras para um aluno com TEA em duas perspectivas: por envolverem a execução de múltiplas ações ou respostas variadas e por exigirem a aplicação de conceitos adicionais, o que pode dificultar a compreensão da tarefa (Lima & Da Hora, 2020; Da Hora & Benvenuti, 2012; Callou, 2018).

Os desenhos das tarefas do IAR original possuem muitos detalhes o que possivelmente representa um potencial distrator para os alunos com TEA e as instruções/enunciados para as tarefas são apresentadas no próprio caderno do aluno. Tal apresentação desviou, por vezes, a atenção de todos os participantes do que realmente era relevante. Para mais, o manual do instrumento não fornece orientações claras sobre estratégias específicas para minimizar a ocorrência de comportamentos disruptivos relacionados às tarefas, nem oferece diretrizes sobre condutas que o aplicador deve adotar diante desses comportamentos, caso se manifestem durante a aplicação do instrumento (Lima & Da Hora, 2020).

Tendo em vista que a alfabetização é a base para a aprendizagem das habilidades mais complexas, bem como compreendendo que alunos com TEA apresentam dificuldades em aprender em contextos que não consideram suas características, a avaliação dos repertórios que antecedem a aprendizagem dessa rede de relações torna-se, então, um norteador para a programação de ensino eficaz. Sendo assim, o presente estudo teve como objetivo investigar se um conjunto de adaptações realizadas no IAR favoreceriam o desempenho de alunos com TEA, bem como avaliar se as adaptações realizadas produziriam algum efeito sobre a ocorrência de comportamentos disruptivos, tempo de aplicação e engajamento ao longo da aplicação dos dois instrumentos.

MÉTODO

Participantes

O estudo contou com a participação de três aprendizes diagnosticados com TEA, um com oito anos (P1), nível dois de suporte, e dois com nove anos (P2 e P3), nível um de suporte. Todos os participantes eram matriculados em escolas da rede de ensino regular, onde P1 cursava o 2º ano do ensino fundamental e P2 e P3 cursavam o 3º ano. A pesquisa foi submetida e aprovada pelo Comitê de Ética em Pesquisa com Seres Humanos de uma Instituição de Ensino Superior (CAAE: 06895618.0.0000.5554) e todos os procedimentos éticos foram adotados.

Os critérios para inclusão no estudo foram: ter desempenho de até 80% de acertos nas áreas do VBMAPP que eram compatíveis com os pré-requisitos para alfabetização avaliados pelo IAR original, bem como ler e escrever fluentemente. Além disso, os participantes deveriam exibir comportamento de estudante (definido no presente estudo como ser capaz de iniciar e concluir uma tarefa simples, fazer rastreamento visual, seguir instruções verbais simples). Os participantes foram selecionados com base no pressuposto de que, se apresentassem habilidades compatíveis com as avaliadas pelo IAR (e outras mais complexas, como ler e escrever), deveriam apresentar desempenho satisfatório na realização do instrumento.

Linha de Base

Foi investigado se os participantes possuíam os repertórios avaliados pelo IAR a partir da análise dos resultados de outro protocolo de avaliação comportamental (VBMAPP). Para tanto, as duas avaliações foram minuciosamente comparadas e constatou-se que as habilidades avaliadas pelas tarefas do IAR também eram avaliadas pelo VBMAPP, exceto as habilidades de Lateralidade.

A Tabela 1 mostra os marcos de desenvolvimento, as tarefas avaliativas compatíveis com as tarefas do IAR, a pontuação mínima requerida para atestar que o avaliado possui a habilidade envolvida e os resultados da avaliação comportamental realizada pelos participantes.

Tabela 1. Classificação geral do desempenho de P1, P2 e P3 segundo os critérios do IAR

	Áreas do IAR	P1	P2	P3
A 1	Esquema corporal	AT	AT	AD
A 2	Lateralidade	**MD**	**MD**	AD
A 3	Posição	**MD**	**MD**	AD
A 4	Direção	AT	AT	AT
A 5	Espaço	**MD**	**MD**	AD
A 6	Tamanho	**MD**	**MD**	AD
A 7	Quantidade	**MD**	**MD**	AD
A 8	Forma	AT	AD	AT
A 9	Discriminação Visual	**MD**	**MD**	AD
A 10	Discriminação Auditiva	**MD**	**MD**	**MD**
A 11	Verbalização De Palavras	**MD**	AT	AD
A 12	Análise e Síntese	AD	**MD**	AD
A 13	Coordenação Motora Fina	AT	**MD**	AT

Nota. AT = Acerto Total; AD= Alguma Dificuldade; MD= Muita dificuldade
Fonte: as autoras.

Como observado na tabela, algumas habilidades do VBMAPP (como MTS 14M, e outras), eram superiores aquelas avaliadas pelo IAR, portanto, foram estabelecidas pontuações requeridas para determinar a compatibilidade entre as habilidades exigidas no IAR e no VBMAPP. P2 e P3 obtiveram 100% de acertos e P1 obteve desempenho acima de 80% nas tarefas do VBMAPP compatíveis com o IAR.

PROCEDIMENTO

O presente estudo adotou delineamento experimental de sujeito único, sendo que a principal característica deste delineamento é tratar os sujeitos individualmente, tanto em relação às decisões relativas ao próprio procedimento de investigação quanto à análise dos dados (Sampaio et al. 2008). No delineamento de sujeito único adotado na presente pesquisa, um mesmo participante foi submetido a todas as condições do experimento e as observações foram realizadas de forma contínua ao longo de todo o processo.

Os três participantes foram expostos às duas versões do IAR, sendo que a ordem de aplicação foi, respectivamente, o IAR em sua versão original e o instrumento adaptado. As sessões de aplicação do IAR em sua versão original, seguiram os padrões de aplicação apresentadas no manual. Já na aplicação do IAR em sua versão adaptada, cada sessão era composta por períodos de 15 minutos de aplicação intercalados por períodos de 5 minutos de intervalo nos quais os participantes tinham acesso a itens motivadores identificados a partir de entrevista com os responsáveis.

MEDIDAS

Foram alvo de interesse do presente estudo as seguintes medidas:

(A) Tempo de engajamento nas tarefas da avaliação: O comportamento denominado como engajamento foi descrito como: olhar em direção à experimentadora enquanto oferece instrução (pode ser acompanhado de assentimento ou afirmação com a cabeça); escrever no material a resposta solicitada (independente de acerto ou erro); repetir o que foi solicitado; responder ao material da avaliação: apontando para, escrevendo sobre ou apontando em. Para registro de engajamento nas tarefas foi utilizado o procedimento de registro descontínuo por intervalo de tempo (amostra de tempo momentânea, 5 min.) e a medida obtida foi a porcentagem de intervalos nos quais o participante estava engajado.

(B) Ocorrência de comportamentos disruptivos: Considerou-se como disruptivo qualquer tipo de comportamento que interrompesse a cadeia de aprendizagem. A ocorrência foi registrada a partir de intervalo parcial (1 min.) e a medida obtida foi a porcentagem de intervalos nos quais ocorreram comportamentos disruptivos. Diversas respostas foram incluídas nesta classe de comportamentos e foram categorizadas como estereotipia vocal (e.g., tosses; sons ininteligíveis), estereotipia motora (e.g., apertar orelha por alguns segundos; balançar o lápis ou bater sobre a mesa repetidamente), ecolalia imediata (e.g., repetir a instrução apresentada ou alguma outra expressão falada pela experimentadora imediatamente após esta falar), ecolalia tardia (e.g. repetir falas que não tenham relação com o contexto), agressão (ou ameaça) (e.g., direcionar a mão em direção à boca da experimentadora; direcionar a boca aberta para o próprio braço enquanto fala, olhando para a experimentadora: Eu posso me morder? Ou Eu vou me morder! Empurrar a mão do experimentador ou puxar a mão da experimentadora em sua direção ou em direção a tarefa) e fuga da tarefa (e.g., deixar a área de trabalho e permanecer em pé, ou afastar-se da mesa).

A medida de acordo entre observadores (AEO) sobre a ocorrência de comportamentos disruptivos foi obtida a partir do cálculo do número de intervalos com acordo, dividido pela somatória do número de intervalos com acordo e sem acordo, multiplicado por 100. Para tanto, todas as sessões de aplicação das duas versões do instrumento foram filmadas e analisadas pela experimentadora e por mais duas outras observadoras independentes treinadas para observar e identificar as respostas alvo. A porcentagem de AEO sobre os comportamentos disruptivos de P1 foi de 100%; para os de P2 foi de 98% e para os de P3 foi 100%.

ADAPTAÇÕES NAS TAREFAS:

Primeiramente, os estímulos passaram a ser apresentados em tamanhos maiores e coloridos. Além disso, as diferenças entre os estímulos foram acentuadas, especialmente nas áreas de Tamanho e Quantidade. Houve a remoção dos enunciados das tarefas, com a aplicação agora prevendo apenas uma tarefa por folha. Também ocorreu a substituição das respostas grafomotoras pela resposta de apontar em tarefas de discriminação auditiva e visual e respostas de transferência em atividades de discriminação visual. Por fim, a área de verbalização de palavras foi realocada para o caderno de registro, acessível somente ao aplicador.

Lima (2019) verificou que diante de demandas para tarefas da área discriminação auditiva, que exigiam discriminação da sílaba inicial, e em seguida instruções para identificar sílaba final, os participantes mantiveram padrão de responder de forma restrita e rígida, estabelecidos por controle inadvertido pela sequência de apresentação das atividades. Dessa forma, a área discriminação auditiva foi subdividida em: discriminação auditiva 1 e 2 intercalada com a área de verbalização de palavras.

Adaptações nos procedimentos de registros: criou-se um caderno de registro que prevê todas as instruções de aplicação e registro de desempenho, além da possibilidade de mapear as áreas de maior urgência para ensino e monitorar evolução. A área verbalização de palavras foi subdividida em 9 áreas específicas por categorias fonéticas/silábicas.

Adaptações nos procedimentos de aplicação: foram realizadas adaptações na aplicação do instrumento o que incluiu a programação do uso de itens reforçadores não contingentes às tarefas do IAR, a introdução de suportes visuais durante a aplicação e a inclusão de intervalos previamente programados entre as execuções das tarefas.

Áreas acrescentadas:

Três áreas foram incluídas no instrumento: Avaliação de Itens Reforçadores, Comportamento de Estudante e Nomeação de Estímulos.

Avaliação de Itens Motivadores: Foi acrescida uma entrevista para ser realizada com pais e responsáveis para investigar itens motivadores para os aprendizes (Fisher, Piazza, Bowman & Amari, 1996).

A avaliação de comportamento de estudante avalia repertórios considerados importantes para a aprendizagem de forma geral e para realização do instrumento (iniciar e concluir tarefas simples, seguir instruções como por exemplo: olhar quando chamado pelo nome, apontar, selecionar um item dentro de um arranjo). Caso o aluno falhe nesta área, o professor deverá, inicialmente, ensinar esses repertórios.

Nomeação de estímulos (figuras e vogais) considerado uma habilidade importante porque a leitura oral depende da capacidade de responder oralmente frente a estímulos impressos (Gomes, 2015).

RESULTADOS

Com a finalidade de atingir os objetivos propostos pelo presente estudo, verificou-se, inicialmente, a classificação geral do desempenho dos investigados nas versões original e adaptada do IAR. A Tabela 2 mostra a classificação atribuída aos desempenhos obtidos pela participante em cada uma das áreas dos dois instrumentos (IAR versão original e adaptada) e o total de áreas com cada um dos três níveis de classificação MD (Muita Dificuldade), AD (Alguma Dificuldade) e AT (Acerto Total).

Tabela 2. Porcentagem de acerto e tipos de erros emitidos por P1 nas tarefas de cada área do IAR

	ÁREAS DO IAR												
TAREFAS	A1	A2	A3	A4	A5	A6	A7	A8	A9	A10	A11	A12	A13
T1		RA	RD		RD	RD	RD		RD	AR	RIN	RD	
T2		RIN	RD		RD	RD			RD	AR			
T3		RD					RD			AR			
T4		AR	RD			RD	RD		RA	AR		RD	
T5			RD						RA				
T6			AR			RD	RD		RA			AR	
T7						RD							
T8						RD							
TOTAL	100% (6/6)	0% (0/4)	16,60% (1/6)	100% (2/2)	0% (0/2)	25% (2/8)	33% (2/6)	100% (4/4)	16,60% (1/6)	0% (0/4)	0% (0/1)	50% (3/6)	100% (1/1)

Nota. RA= Resposta Adicional; RD= Resposta Discrepante; RIN= Resposta Incompleta; e AR= Ausência de resposta
Fonte: as autoras.

É possível observar que o número de áreas nas quais os participantes obtiveram desempenho com a classificação MD foi menor na aplicação com o IAR Adaptado do que com o Original. Vale ressaltar que esse número foi bastante inferior para dois dos três participantes (P1 e P2), sendo que a redução foi de 50% no caso de P1 (4 do total de 8) e atingiu 100% no caso de P2 (0 do total de 9 áreas).

A Tabela 2 também mostra que houve aumento do número de áreas com classificação AD para P1 (4 áreas) e P2 (1 área). Houve, ainda, um aumento do número de áreas com classificação AT para todos os participantes (uma área para P1 e nove áreas para P2 e P3). Vale ressaltar que, na área nomeação de estímulos, aplicada somente a partir da versão adaptada, todos os participantes tiveram desempenho compatível com a classificação AT.

Além disso, observou-se que a manutenção de desempenho com classificação MD se manteve para o participante P1 nas áreas A3, A5, A7 e A11 (Posição, Espaço e Quantidade e Verbalização de Palavras, respectivamente). O mesmo ocorreu com P3 na área Verbalização de palavras.

Finalmente, sobre as áreas em que houve declínio no desempenho, a única mudança ocorrida desta natureza refere-se ao desempenho de P1 cuja classificação do desempenho piorou um nível nas áreas A1 e A8, respectivamente, Esquema corporal e Forma (AT→ AD). Neste ponto, é importante ressaltar que o desempenho dos participantes foi analisado conforme os critérios do IAR original. A classificação, embora seja simples, pode dificultar a análise sobre a quantidade de acertos e erros emitidos pelo participante, diante das oportunidades de fazê-lo em cada área. Isto porque, em uma área composta, por exemplo, por 8 tarefas, o desempenho do participante será classificado como MD tanto se errar todas ou se acertar uma ou até mesmo 4 das 8 oportunidades possíveis.

No que diz respeito ao tempo de aplicação em que ocorreu comportamentos disruptivos, a Figura 1 mostra a porcentagem de intervalos nos quais ocorreram as categorias de comportamentos disruptivos emitidos pelos participantes nas aplicações do IAR original (colunas em cinza) e adaptado (colunas em preto).

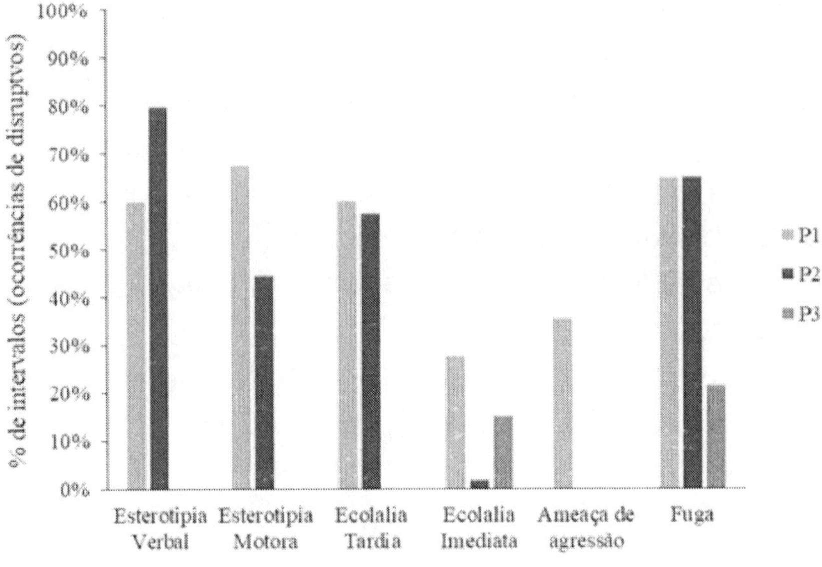

Figura 1 - Ocorrência de comportamentos disruptivos emitidos por P1, P2 e P3 na aplicação do IAR original e adaptado.
Fonte: as autoras.

É possível observar que P1 emitiu comportamentos disruptivos de diversas categorias (Estereotipia Vocal, Motora, Ecolalia Imediata e Fuga da tarefa), em pelo menos 50% dos intervalos do tempo de aplicação com o IAR Original. No entanto, na aplicação do IAR adaptado, houve redução na porcentagem de intervalos com ocorrência de comportamentos disruptivos de todas as categorias de respostas. A saber, houve redução de 100% de Agressão (ou ameaça de agressão); de aproximadamente, 90% de Ecolalia Imediata; 60% das respostas de Fuga da tarefa; 40% respostas de Estereotipia vocal e 30% de Ecolalia tardia.

Também é possível observar na Figura 1 que a porcentagem de intervalos com disruptivos das categorias Estereotipia Vocal, Ecolalia tardia e Fuga da tarefa também ficou acima de 50% na aplicação do IAR Original com o participante P2. Assim como para P1, também houve uma grande redução desses comportamentos com o IAR adaptado, sendo que as respostas de Estereotipias vocais tiveram redução de aproximadamente 90%, as de Ecolalia tardia de aproximadamente 60% e as de fuga da tarefa de 100%.

Embora por pouco tempo (no máximo, em aproximadamente 20% dos intervalos), P3 também apresentou disruptivos na aplicação do IAR original. Ecolalia imediata ocorreu em aproximadamente 15% dos intervalos e fuga da tarefa em torno de 20% dos intervalos. A Figura 1 mostra que na versão adaptada do IAR houve redução de 100% desses disruptivos. Respostas de Agressão não foram emitidas em ambas as condições nem por P2, nem por P3.

A Figura 2 mostra o tempo total de aplicação em minutos do IAR nas versões original e adaptada para todos os participantes e a porcentagem de intervalos nos quais houve engajamento por cada um dos participantes ao longo da aplicação de ambos os instrumentos.

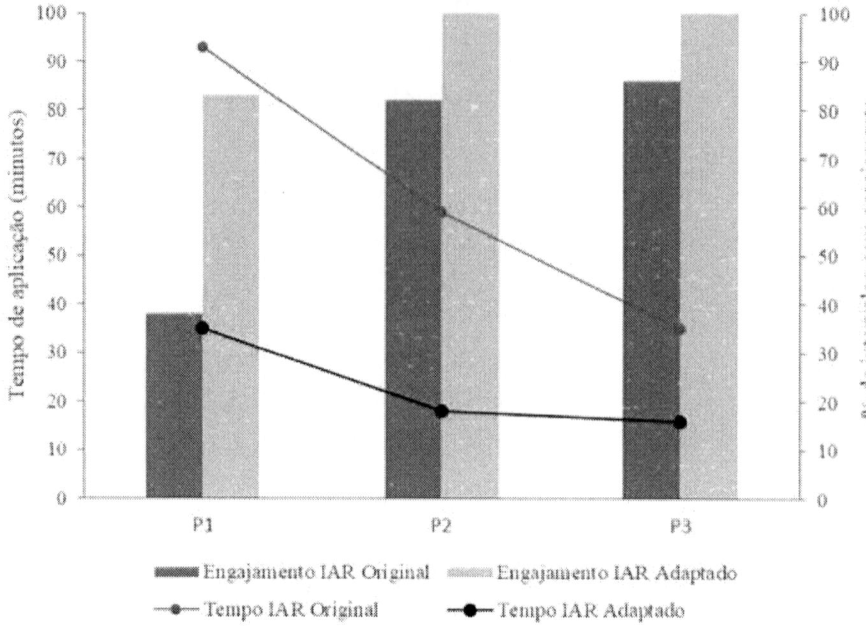

Figura 2 - Tempo de aplicação com engajamento emitidos por P1, P2 e P3.

Conforme observado na figura 2, a linha pontilhada representa o tempo em minutos recomendado para a aplicação do IAR Original (50min.). É possível perceber que o tempo de aplicação com P1, utilizando o IAR adaptado (35min.), foi bastante inferior ao tempo de aplicação com o instrumento original (93min.). Na mesma direção, o tempo de aplicação com o instrumento adaptado também reduziu para os dois outros participantes, sendo que P2 realizou em 18 min e P3 em 16 min no total. P2 e P3 realizaram as tarefas do IAR original em 59 e 35min., respectivamente. Esses resultados indicam que houve uma redução de 62% do tempo de aplicação para P1, 69% para P2 e 54% para P3, representando uma redução importante no tempo de aplicação para todos os participantes.

Na Figura 2, ainda, é possível notar aumento no tempo de engajamento para todos os participantes na aplicação do IAR adaptado. Na versão original, P1 esteve engajado em apenas 38% dos intervalos e em 85% no adaptado, isso indica um aumento de mais de 100% no engajamento na versão adaptada. Os participantes P2 e P3 se mantiveram engajados em 82% e 85% dos intervalos, respectivamente no IAR original e 100% dos intervalos do IAR adaptado, apontando um aumento de, aproximadamente, 18% (P2) e 15% de engajamento (P3). Esses resultados indicam que ocorreu uma relação inversamente proporcional entre o tempo de aplicação e o de engajamento. De modo geral, concomitante à redução do tempo de aplicação do instrumento de avaliação na versão adaptada, ocorreu um aumento no tempo de engajamento nas tarefas. Esse padrão se repete com todos os participantes.

DISCUSSÃO

No que diz respeito ao desempenho dos participantes no instrumento original e adaptado, observou-se que P1 teve melhora de desempenho em pelo menos um nível em 85,7% das tarefas do IAR, já P2 e P3 tiveram melhor desempenho em 100% das habilidades avaliadas. De forma geral, os resultados indicam que as adaptações favoreceram o desempenho de todos participantes. Corroboram este dado, os estudos de Capellini (2001) e Rabello et al. (2007), na medida que adaptações realizadas no IAR, com o objetivo de utilizá-lo para avaliar alunos com necessidades educacionais especiais, favoreceram o desempenho destes.

As características do quadro de TEA proporcionam desafios específicos em relação a processos importantes para aprendizagem. Com isso, a apresentação de instruções para crianças com TEA requer manejos específicos, por exemplo, oferecer instruções claras e objetivas (Santos, Santos & Santana, 2014). No IAR adaptado, as instruções para as tarefas que compõem o instrumento foram mais curtas e objetivas, quando comparado ao IAR original, isto (entre outras características já citadas ao longo do texto) pode ter contribuído para que o desempenho de todos os participantes tenha melhorado nas tarefas.

É importante salientar a piora de desempenho de P1 no IAR adaptado nas áreas de esquema corporal e Forma, nas quais a resposta exigida era o apontar. Nesse sentido, considerando que os critérios de inclusão para este estudo eram, entre outros, que o participante seguisse instruções simples, foi investigado via aplicação de uma avaliação de repertórios chamados aqui de comportamento de estudante, se o aluno seguia a instrução de apontar, entre outras. Para tanto, a habilidade de apontar foi testada inicialmente em 4 oportunidades. Seguindo este critério, o participante 1 foi aprovado para a inclusão no estudo. Diante destes dados, em uma tentativa de investigar variáveis que poderiam ter interferido nesse resultado, investigou-se a habilidade de apontar em um número maior de oportunidades (já que é comportamento requisito para responder várias tarefas da versão adaptada do IAR). Avaliou-se, portanto, em 20 tentativas. A partir do novo critério, P1 respondeu em apenas 7 das 20 oportunidades e os demais participantes responderam corretamente em 100% das oportunidades. Isto pode indicar que P1 não tinha o repertório de apontar bem estabelecido, o que pode ter relação com a piora no desempenho deste participante em algumas áreas (Esquema corporal e Forma) e manutenção de desempenhos de muita dificuldade em outras (Posição, Espaço e Quantidade).

Foi possível observar também que ao longo da aplicação do IAR original, P1 buscava por reforço social. O participante dizia coisas do tipo: Parabéns! Muito bem! É isso aí! Está certo! Você conseguiu! Sobre isso, pode-se pensar que os intervalos programados durante a aplicação do IAR adaptado, o acesso a itens motivadores não relacionados às tarefas, adicionado ao reforço social de comportamentos de cooperação, podem ter contribuído para a redução de alguns disruptivos e aumentado o engajamento nas tarefas na condição de aplicação do IAR adaptado.

Durante a aplicação do IAR original, P3 emitia comportamentos indicativos de cansaço (emissão de comentários do tipo: pronto!! Já acabou!! Emissão de pequenas reclamações: de novo? Que horas mamãe chega! Deitar cabeça e membros superiores sobre a mesa e posicionar a mão no rosto com o olhar voltado para baixo). Nesse sentido, oferecer previsibilidade das tarefas e do seu tempo de duração, além de oferecer atividades programadas e organizadas visualmente, podem ajudar pessoas com TEA a compreender melhor as tarefas e reduzir comportamentos inadequados (Brodhead, Courtney & Thaxton, 2018).

Dessa forma, esses resultados indicam que as adaptações propostas favoreceram uma notória redução no tempo em que os participantes se engajaram em diversos tipos de comportamentos disruptivos. Destacam-se a redução do tempo de ocorrência de respostas de fuga de tarefa para todos os participantes, sendo que para P2 e P3 tais respostas não ocorreram na aplicação com o IAR adaptado. E também a inexistência de respostas de Agressão (ou ameaça) na aplicação de P1.

Neste estudo, os dados apontam para uma melhora no engajamento dos participantes nas tarefas do IAR adaptado, com redução do tempo de aplicação quando comparado com o tempo de aplicação do instrumento em sua versão original. Torna-se importante apontar para o fato de que, no IAR adaptado, não foram retiradas nenhuma das áreas do IAR original, sendo acrescidas uma nova área, chamada Nomeação de estímulos e três tarefas na área de Discriminação visual. Além disso, nas áreas Direção e Tamanho foi adicionada mais uma tarefa. Teoricamente, a adição destas tarefas poderia ter elevado o tempo de aplicação, já que o adaptado é maior que o original. Isso significa que, embora tenham sido feitas diversas adaptações na apresentação do IAR no sentido de atender características específicas de alunos com TEA, estas adaptações parecem não terem prejudicado uma característica importante do IAR original mencionada por Leite (2015), a praticidade e a possível viabilidade para professores.

Este estudo destaca a eficácia das adaptações realizadas no IAR para atender as necessidades específicas de alunos com TEA. Observou-se uma significativa melhora no desempenho dos participantes, especialmente notável na redução das áreas classificadas como Muita Dificuldade (MD) e no aumento das áreas com Acerto Total (AT). Os dados mostraram que a adaptação do IAR resultou em uma redução considerável dos comportamentos disruptivos e em um aumento significativo do engajamento durante a aplicação do instrumento. Além disso, todos os participantes mostraram maior engajamento e menor tempo de aplicação do instrumento adaptado, destacando a eficiência das modificações implementadas.

As contribuições do estudo são significativas para a prática educacional, fornecendo evidências de que adaptações específicas podem tornar instrumentos de avaliação mais inclusivos e eficazes para alunos com necessidades especiais. Futuros estudos podem considerar a ampliação do número de participantes para obter uma compreensão mais abrangente e precisa dos impactos das adaptações. Também seria benéfico investigar o impacto das adaptações ao longo de um período prolongado e em diferentes contextos educacionais, para verificar a consistência dos benefícios observados. A continuidade dessa linha de pesquisa poderá levar ao desenvolvimento de práticas educativas ainda mais eficientes e inclusivas, beneficiando um maior número de alunos com TEA e outras necessidades educacionais especiais.

REFERÊNCIAS

Brodhead, M. T., Courtney, W. T., & Thaxton, J. R. (2018). Using activity schedules to promote varied application use in children with autism. Journal of Applied Behavior Analysis, 51(1), 80–86. https://doi.org/10.1002/jaba.435

Callou, I. C. (2018). Controle restrito de estímulos e autismo: Avaliação em tarefas de matching to sample com estímulos visuais. Acta Comportamentalia: Revista Latina de Análisis de Comportamiento, 26(4), 417-431.

Capellini, V.L.M.F. (2001). A inclusão de alunos com necessidades educacionais especiais em classes comuns: avaliação do rendimento acadêmico. (Dissertação de Mestrado), Universidade Federal de São Carlos, São Carlos, SP, Brasil.

Da Hora, C. L., & Benvenuti, M. F. L. (2012). Controle restrito em uma tarefa de matching-to-sample com palavras e sílabas: avaliação do desempenho de uma criança diagnosticada com autismo. Revista Brasileira de Análise do Comportamento, 3(1).

Fisher, Piazza, Bowman & Amari (1996). Integrating Caregiver Report With a Systematic Choice Assessment to Enhance Reinforcer Identification. American Journal on Mental Retardation, Vol 101, No 1,15-25. https://europepmc.org/article/med/8827248

Gomes, C. G. S. (2015). Ensino de leitura para pessoas com autismo. Appris Editora e Livraria Eireli-ME.

Gomes, C. G. S. & Mendes, E. G. (2010). Escolarização inclusiva de alunos com autismo na rede municipal de ensino de Belo Horizonte. Revista Brasileira de Educação Especial, Marília, 16, (3), 375-396.: https://doi.org/10.1590/S1413-65382010000300005

Grandin, T. (2015). Thinking in pictures. New York: Vitage Books

Peeters, T. (1998). Autismo: entendimento teórico e intervenção educacional. In Autismo: entendimento teórico e intervenção educacional (pp. 154-154).

Pimentel, A. G. L., & Fernandes, F. D. M. (2014). A perspectiva de professores quanto ao trabalho com crianças com autismo. Audiology Communication Research, 9(2), 171-178. https://doi.org/10.1590/S2317-64312014000200012.

Leite, S.A.S. (2015). Preparando a alfabetização. (4a ed.). São Paulo: EDICON.

Lima, N. D. P. (2019). Desempenho de alunos com Transtorno do Espectro Autista em duas versões (original e adaptada) do instrumento de avaliação de repertório pré-requisito para alfabetização (IAR). (Dissertação de Mestrado), Paradigma - Centro de Ciências e Tecnologias do Comportamento, São Paulo, SP, Brasil.

Lima, N. D. P., & Hora, C. L. D. (2020). Instrumento de avaliação do Repertório Básico para Alfabetização (IAR): aplicabilidade para crianças com transtorno do espectro autista. Revista Exitus, 10.

Mesibov, G. B., & Shea, V. (2010). The TEACCH program in the era of evidence-based practice. Journal of autism and developmental disorders, 40, 570-579.

Mesibov, G. B. (1994). A comprehensive program for serving people with autism and their families: The TEACCH model.

Rabello, S.; Motti, T.F.G.; Gasparetto, M.E.R.F. (2007). Avaliação educacional por meio do teste IAR em escolares com cegueira. Revista Brasileira de Educação Especial, Marília, 13(2), 281-290. https://doi.org/10.1590/S1413-65382007000200009

Sampaio, A. A. S., de Azevedo, F. H. B., Cardoso, L. R. D., de Lima, C., Pereira, M. B. R., & Andery, M. A. P. A. (2008). Uma introdução aos delineamentos experimentais de sujeito único. Interação em psicologia, 12(1).

Santos, C. F., dos Santos, H. C., & de Santana, M. J. (2014). O processo de aprendizagem de crianças autistas.